职业院校新能源汽车技术专业系列教材

新能源汽车动力电池及管理系统检修

主　编　解福泉　钟　原　马　丽
副主编　崔亚楠　游春明　申　杰
参　编　郑为民　庞茂林　林锦桐
主　审　刘付金文

机械工业出版社

本书是职业院校新能源汽车系列教材中的一册，本书内容包括动力电池的认知、动力电池管理系统的认知、动力电池的维护与更换、动力电池管理系统故障维修四项学习内容。本书注重理实一体化，从实践中归纳的典型工作任务入手，秉着实用性、先进性的原则，全面地介绍了新能源汽车动力电池的结构原理、动力电池的成组技术以及成组后管理系统的控制原理、新能源汽车动力电池的维护作业以及常见故障的检修。帮助学员从新能源汽车的单体电池到电池组、电池管理系统以及常见故障检修的系统化学习。

本书可作为职业院校新能源汽车技术等相关专业的教学用书，也可作为新能源汽车维修企业的培训用书和相关技术人员的参考用书。

本书配有电子课件、教案，凡使用本书的教师可登录机械工业出版社教育服务网 www.cmpedu.com 注册后下载。

图书在版编目（CIP）数据

新能源汽车动力电池及管理系统检修/解福泉，钟原，马丽主编. —北京：机械工业出版社，2023.6（2024.12 重印）
职业院校新能源汽车专业系列教材
ISBN 978-7-111-73271-6

Ⅰ.①新…　Ⅱ.①解…②钟…③马…　Ⅲ.①新能源-汽车-蓄电池-检修-职业教育-教材　Ⅳ.①U469.720.7

中国国家版本馆 CIP 数据核字（2023）第 097397 号

机械工业出版社（北京市百万庄大街 22 号　邮政编码 100037）
策划编辑：陈玉芝　　　　　　责任编辑：陈玉芝
责任校对：张晓蓉　王　延　　封面设计：张　静
责任印制：李　昂
北京捷迅佳彩印刷有限公司印刷
2024 年 12 月第 1 版第 2 次印刷
184mm×260mm·9.75 印张·234 千字
标准书号：ISBN 978-7-111-73271-6
定价：49.80 元

电话服务　　　　　　　　　　网络服务
客服电话：010-88361066　　　机 工 官 网：www.cmpbook.com
　　　　　010-88379833　　　机 工 官 博：weibo.com/cmp1952
　　　　　010-68326294　　　金 书 网：www.golden-book.com
封底无防伪标均为盗版　　机工教育服务网：www.cmpedu.com

随着新能源汽车技术的快速发展和国家政策扶持力度的加大，新能源汽车行业发展迅猛，产销量大幅增长，对新能源汽车的生产制造与售后服务人员的需求逐步增加。党的二十大报告指出"教育、科技、人才是全面建设社会主义现代化国家的基础性、战略性支撑，"职业教育更要承担起新能源汽车前后市场技术技能人才的培养重任。

新能源汽车涉及很多全新的技术领域，目前市场上关于混合动力汽车、纯电动汽车维修方面的书籍较少，尤其是针对职业院校开展常规教学任务的书籍就更少。为此，由广东省新能源汽车产业协会、广州市新能源校企合作协会统筹，几十家新能源汽车相关企业的专家和职业院校核心骨干教师及一线汽车品牌主机厂新能源汽车工程师等人员共同参与，以新能源汽车厂家作业规范为实操标准，编写了这套职业院校新能源汽车专业系列教材。

本套教材根据国家最新的专业目录进行编写，匹配职业院校新能源汽车专业的核心专业课程，可以满足中等职业院校"新能源汽车运用与维修"、高等职业院校"新能源汽车技术""新能源汽车检测与维修技术"等专业的教学需要。本套教材按照新能源汽车结构及专业教学实施规律编写，共12本，包括《新能源汽车概论》《新能源汽车电力电子技术》《新能源汽车高压安全与防护》《新能源汽车售后服务管理》《新能源汽车动力电池及管理系统检修》《新能源汽车驱动电机及控制系统检修》《新能源汽车底盘检修》《新能源汽车电气技术》等。本套教材具有以下特点：

1. 具有浓厚的行业和职业特色

这是一套由新能源相关行业协会、企业和院校共同编写的全系列新能源汽车专业教材。由广东省新能源汽车产业协会会长担任编委会主任，在选题调研和定稿过程中，专业严谨，取长补短，汇集广东省新能源汽车产业协会、广州市新能源校企合作协会、东风日产、欧纬德智能科技（广州）有限公司、湖北工业大学、华南农业大学、广东轻工职业技术学院、惠州工程学院、广州华夏职业学院、广东番禺职业技术学院、广州工贸技师学院等2个省市协会、8家著名企业、22所汽车专业骨干校（包括本科、高职、技师学院和中职院校）三方面的力量和优质资源进行编写。很多案例和技术来自生产一线，具有独特的教学价值。

2. "基于工作过程"的一体化开发理念

在对新能源汽车技术技能人才岗位调研的基础上，分析岗位典型工作任务，提炼代表性行动领域，构建了工作过程系统化的课程体系。由企业真实的案例引入教学任务，使学习任务更加贴近新能源汽车维修企业的实际工作。

3. "立体化"的教材资源整合

本套教材不仅具有传统教材的优点，还加入了互联网教学应用资源，嵌入了相应任务实施工作，辅以大量的视频资源进行任务实施的指导（由二维码进入），让整套教材更加立体化，更加方便院校师生、企业售后人员学习。

4. 企业院校的适用性强

本套教材以国内自主品牌吉利汽车和比亚迪汽车为主体，横向对比国内外主流新能源汽车厂家，如北汽、特斯拉等的共性和差异，解决了品牌地域性问题。

5. 更加丰富的资源配套

本套教材配套有工作页、课件、教学微课、项目测试题、教学资源库等资源，围绕"教、学、考、培、互联网+"五位一体的教学模式开发配套资源。解决了教师开展现代化教学的痛点，教学理念先进，适合现代职业教育和培训的需要。如需相关资源，可登录http://www.cmpedu.com/index.htm 免费注册下载。

本书由广州华夏职业学院解福泉教授、欧纬德智能科技（广州）有限公司钟原、湖北工业大学工程技术学院马丽老师担任主编，广州华夏职业学院崔亚楠老师、佛山高明职业技术学校游春明老师、汕尾技师学院申杰老师担任副主编，广州华夏职业学院郑为民老师、欧纬德智能科技（广州）有限公司庞茂林、广州市技师学院林锦桐老师担任参编，并由广东轻工职业技术学院刘付金文老师担任主审。

在本书的编写过程中，欧纬德智能科技（广州）有限公司提供了大量的设备支持和技术支持，广州轩宇教育科技发展有限公司提供了微课拍摄、后期制作等技术支持，在此表示衷心的感谢。编写过程中参考了大量国内外相关著作和文献资料，在此一并向相关作者表示感谢。

由于编者水平有限，书中难免有错漏之处，敬请读者批评指正。

编　者

名　称	图形	名　称	图形
认知新能源汽车动力电池		锂离子电池拆装更换	
电池制作过程		认知氢燃料电池与其他类型动力电池	
动力电池发展史		超级电容电池	
电池容量		认识比亚迪动力电池组	
认知铅酸动力电池		电池的串并联特性-1	
认知镍氢动力电池		电池的串并联特性-2	
镍氢电池组更换操作流程		认识埃安动力电池组	
认知锂离子动力电池		认识动力电池管理系统	

（续）

名　称	图形	名　称	图形
读取电池管理系统数据		检修动力电池管理系统 电源及通信故障	
动力电池热管理技术		检修动力电池总电流故障	
维护动力电池组		检修动力电池绝缘故障	
拆装动力电池组		检修动力电池充电故障	
单体电池的性能检测			

目 录

项目一
动力电池的认知

📌 项目描述

　　动力电池作为新能源汽车高压部件之一，起着整车能量存储的作用，目前不同品牌或车型在电池的选用上有所不同，主要种类有铅酸电池、锂离子电池、镍氢电池以及氢燃料电池等。本项目主要介绍新能源汽车对动力电池的要求，以及认知各类常用动力电池的类型、特点、内部结构以及工作原理等。

　　通过对本项目的学习，能够了解动力电池的主要类型，熟悉其工作原理，掌握其内部结构，为动力电池的维护和保养奠定基础。

📝 项目目标

1. 能结合教材，说出动力电池的组成与功能。
2. 能使用万用表，测量区分各种电池。
3. 能结合教材，描述动力电池的工作原理与特性。

任务 1　认知新能源汽车动力电池

认知新能源汽车
动力电池

▶▶ 任务引入

　　发展新能源汽车是我国从汽车大国迈向汽车强国的必由之路，是应对气候变化、推动绿色发展的战略举措。2020 年我国制定了《新能源汽车产业发展规划（2021—2035 年）》，坚持纯电驱动战略取向，新能源汽车产业发展取得了巨大成就，成为世界汽车产业发展转型的重要力量之一。纯电动汽车的核心动力来源于动力电池，动力电池的性能指标是决定纯电动汽车动力性能的根本因素，本节主要介绍动力电池的相关性能要求。

▶▶ 任务目标

1. 掌握新能源汽车与传统内燃机汽车的动力来源和系统组成的区别。
2. 了解新能源汽车和动力电池的发展历史。
3. 能说出动力电池的各性能参数及含义。

▶▶ 知识链接

一、新能源汽车与传统内燃机汽车的动力区别

1. 新能源汽车的定义与分类

根据国家《新能源汽车生产企业及产品准入管理规定》中的定义：

电池制作
过程

新能源汽车是指采用新型动力系统，完全或主要依靠新型能源驱动的汽车。主要包括纯电动汽车、插电式混合动力（含增程式）汽车、燃料电池汽车等。

（1）纯电动汽车　纯电动汽车是一种采用可充电单一电池作为储能动力源的汽车，它利用动力电池作为储能源，通过动力电池向电机提供电能，驱动电机运转，从而推动车辆行驶。

（2）插电式混合动力汽车　插电式混合动力汽车是指车辆驱动系统由两个或多个能同时运转的单个驱动系统联合组成的车辆，车辆的行驶功率依据实际的车辆行驶状态由单个驱动系统单独或共同提供。由于各个组成部件、布置方式等不同，混合动力汽车有串联、并联和混联等多种形式，插电式混合动力汽车可充电或加油行驶。

（3）燃料电池汽车　燃料电池汽车是利用氢气和空气中的氧气在催化剂的作用下，发生化学反应产生的电能作为主要动力源驱动的汽车。燃料电池汽车实质上是纯电动汽车的一种，主要区别在于燃料电池只能产生电能，而不能储存电能。

2. 传统内燃机汽车的动力来源

传统内燃机汽车主要由发动机、底盘、车身和电气设备四部分组成。

发动机一般由两大机构和五大系统组成。两大机构分别为配气机构和曲柄连杆机构；五大系统分别为起动系统、冷却系统、润滑系统、点火系统（柴油机没有）、燃油供给系统。

底盘一般由传动系统、行驶系统、转向系统和制动系统四部分组成。底盘的主要作用是支承、安装汽车发动机及各部件、总成，形成汽车的整体造型，并接受发动机的动力，使汽车产生运动，保证正常行驶。

车身的作用主要是保护驾驶员以及构成良好的空气力学环境。好的车身不仅能带来更佳的性能，也能体现出车主的个性。

电气设备由电源和用电设备两部分组成。电源包括蓄电池和发电机，用电设备包括发动机的起动系统、汽油机的点火系统、灯光照明和其他用电装置。

传统内燃机汽车的动力来源于汽油或柴油与空气混合后燃烧产生的能量。汽油或柴油与空气的混合气燃烧后，燃气的压力作用于发动机气缸内的活塞顶部，推动活塞做往复直线运动，活塞通过连杆带动曲轴转动，发动机曲轴末端飞轮转动的动力再经过离合器和变速器，由变速器变矩、变速后，经传动轴把动力传递到主减速器，最后通过差速器和半轴把动力传递到驱动轮。如图 1-1 所示为传统内燃机汽车的动力传递示意图。

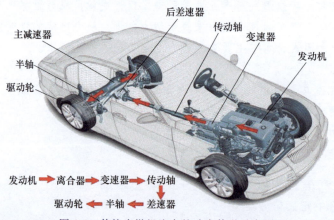

图 1-1　传统内燃机汽车的动力传递示意图

（1）纯电动汽车与传统内燃机汽车动力的区别　纯电动汽车的组成包括：电力驱动及控制系统、驱动力传动等机械系统、完成既定任务的工作装置等。电力驱动及控制系统是纯电动汽车的核心，也是与内燃机汽车的最大不同点。电力驱动及控制系统由电机、电源和电机的调速控制装置等组成。纯电动汽车的其他装置（底盘、车身等）基本与内燃机汽车相同。

纯电动汽车一般使用锂离子电池作为整车的储能元件，为车辆运转提供动力。纯电动汽车的工作原理如图 1-2 所示，动力电池提供电能，通过逆变器驱动电机转动，实现电能转换为机械能。

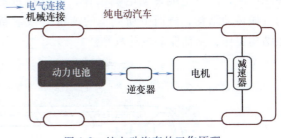

图 1-2　纯电动汽车的工作原理

（2）插电式混合动力汽车与传统内燃机汽车动力的区别　插电式混合动力汽车，是介于纯电动汽车与内燃机汽车之间的一种新能源汽车。插电式混合动力汽车既有传统汽车的发动机、变速器、传动系统、油路、油箱，也有纯电动汽车的电池、电机、控制电路，它综合了纯电动汽车（BEV）和传统内燃机汽车的优点，既可实现纯电动、零排放行驶，也能通过混动模式增加车辆的续驶里程。

插电式混合动力一般可以分成三类：

1）增程式插电混合动力：如图 1-3 所示增程式插电混合动力结构，车辆有一套电力驱动系统，包括电动机、发动机、电池等。增程型插电混合动力汽车的电动机直接驱动车轮，发动机则用来于驱动发电机给电池进行充电。因为发动机并不直接驱动车轮，因此也不需要变速器。相当于在普通的电动车上装载了一台汽油或柴油发动机。

2）并联式插电混合动力：如图 1-4 所示并联式插电混合动力结构，车辆有两套驱动系统，大多是在传统内燃机汽车的基础上增加电机、电池、控制电路，电机与发动机可共同驱动车轮。车辆只有一台电机，驱动车轮的时候充当电动机，不驱动车轮给电池充电的时候充当发电机。

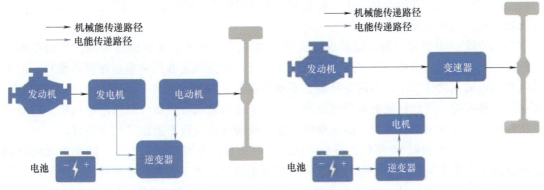

图 1-3　增程式插电混合动力结构　　　　图 1-4　并联式插电混合动力结构

3）混联式插电混合动力：如图 1-5 所示混联式插电混合动力结构，这种模式也有两套驱动系统，不同的是，混联式插电有两个电机。一个电动机仅用于直接驱动车轮，还有一个电机具有双重角色：当需要极限性能的时候，充当电动机直接驱动车轮，整车功率就是发动机、两个电机的功率之和；当电力不足时，就充当发电机，给电池充电。

（3）燃料电池汽车与传统内燃机汽车动力的区别

燃料电池汽车的工作原理如图1-6所示，作为燃料的氢气在汽车搭载的燃料电池中，与大气中的氧气发生氧化还原反应，产生电能带动电机工作，由电机带动汽车中的机械传动结构，进而带动汽车的前桥（或后桥）等机械结构工作，从而驱动电动汽车。

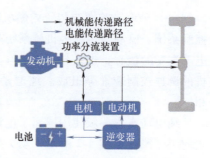

图 1-5　混联式插电混合动力结构

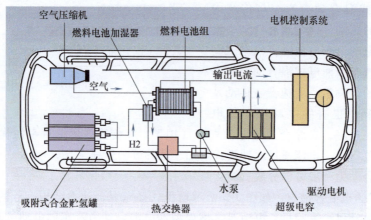

图 1-6　燃料电池汽车的工作原理

二、新能源汽车与动力电池的发展

动力电池发展史

1. 新能源汽车的发展历史

第一阶段：在19世纪中期就已经出现了世界上第一台电动车。这台电动车主要是由两代人共同完成，首先是匈牙利工程师阿纽什·耶德利克于1828年在实验室完成的电传装置。然后经过美国人安德森的改良，第一台电动车在1838年正式面世。这辆电动车所用的蓄电池比较简单，是不可再充电的。

第二阶段：20世纪初期，随着内燃机的发展，纯电动汽车逐渐退出市场，燃油车在这一阶段形成了绝对的优势。优势点主要表现在自身可以携带足够行驶很远路程的燃料。但电动汽车的电机虽然体积小，不污染环境，不排出废气，噪声也很小，但是它工作需要电能，而电能不易携带，因此行驶距离受到限制。如果用在固定场合，则可以采用电动机，相对来说比较合适。对比电动汽车充电的不便性，这一阶段纯电动汽车退出了汽车市场。

第三阶段：20世纪60年代，石油危机使人们又重新重视纯电动汽车。这个阶段的欧洲已经进入工业化中期，这个时期石油危机已经频频凸显，成了人类不可忽视的一个问题，同时开始反思日益严重的环境会给人类带来的巨大灾害，而电机体积小、噪声小、不污染环境、不排出废气，使人们重新审视纯电动汽车。电动汽车的驱动技术有了较大的发展，纯电动汽车受到了越来越多的关注，小型电动汽车开始占领固定的市场，如高尔夫球场代步车。

第四阶段：20世纪90年代，电池技术的滞后，使电动汽车制造商改变发展方向。20世纪 90 年代阻碍电动汽车发展最大的问题就是电池技术发展滞后，电池没有重大的突破导致充电盒续航没有突破性的进展，电动汽车制造商面临巨大的挑战。传统汽车制造商在市场压力下，开始研发混合动力汽车，以克服续驶里程短的问题。其中最有代表性的就是插电式混合动力汽车。

第五阶段：21 世纪初期，电池技术有所突破，各国开始大规模应用电动汽车。这一阶段电池密度提升，电动汽车的续航水平也迅速提升，电动汽车的表现已经不弱于一些低排量的燃料汽车。我国更是大力推进新能源汽车的技术发展和产品落地，截至目前我国已经成为全球新能源汽车保有量、产量最高的国家。

2. 动力电池的发展历史

1884 年，最早应用在电动车上的动力电池是铅酸电池。英国发明家和实业家托马斯·帕克（ThomasParker）使用了他自己专门设计的高容量可充电电池，电动车续驶里程普遍在 40~65km，最高时速约 30km/h。

1947 年，日产作为最早开展电动汽车研究的车企之一，推出了 TAMA EV 电动车，该车的性能在当时可以用"出类拔萃"来形容，该车型单次充电的续驶里程达 65km，使用了两组铅酸电池供电。

1996 年，日产推出了 Prairie Joy EV 车型，它是世界上首款并且也是当时唯一搭载和应用圆柱形锂电池的纯电动车型。

1997 年，丰田首次使用高功率镍氢电池的普锐斯混合动力汽车在日本上市。

2008 年，特斯拉 Roadster 跑车面世，极大地吸引了世人的目光。该车电池的正极材料使用的还是钴酸锂，首次使用 18650 型锂离子蓄电池组。

2010 阶，比亚迪 F3DM 低碳版双模式电动车上市，不过仍然没有使用纯电动模式，而是发动机和电机双驱动的混动车型。搭载铁电池的比亚迪 F3DM 双模电动车纯电动续驶里程达 100km。

时至今日，新能源汽车需求飞涨，随之而来的是电池电量需求的大幅上升，2018 年全年动力电池电量出货量为 56.99GWh，同比 2017 增长 84%；2019 年前两个月的新能源汽车增长到 15 万辆，电池电量增长到 731 万 kWh，同比增长 213%。

3. 动力电池的现状与未来发展趋势

（1）动力电池的现状 长期以来，电池的使用寿命和成本问题一直是制约电动汽车发展的关键因素。通过不断的技术创新与改进，电池技术得到了飞速的发展。动力电池已经从传统的铅酸电池发展到镍氢、钴酸锂、锰酸锂、聚合物、三元材料、磷酸铁锂等先进的绿色动力电池。动力电池在比能量、比功率、安全性、可靠性、循环寿命、成本等方面，都取得了很大的进步。新能源汽车上使用的各主流动力电池的性能特点见表 1-1。

表 1-1 各主流动力电池的性能特点

项目	铅酸电池	镍镉电池	镍氢电池	锂离子电池
比能量/（Wh/kg）	50	75	75~90	180
能量密度/（Wh/L）	100	150	240~300	300
功率密度/（W/L）	200	300	240	200~300

（续）

项目	铅酸电池	镍镉电池	镍氢电池	锂离子电池
循环寿命/次	300	800	>500	>1000
记忆效应	无	有	有	无
月自放电率（%）	3~5	15~20	20~30	6~9
工作温度/℃	−10~50	−20~60	−20~50	−20~60
毒性	高	高	中	低

铅酸电池经过一百多年的发展，技术不断更新，其彰显出安全性高、使用温度宽及价格低廉等特点，赢得了市场的青睐。但是铅及其化合物对人体有毒、对环境造成危害，从长远来看，铅酸电池将被其他新型电池取代。

铅酸电池在电动自行车领域中应用较为广泛，尤其是低端车型中。但随着锂电池技术的发展，铅酸电池的装车量将进一步压缩。

镍氢电池和锂离子电池都属于新型动力电池。镍氢电池作为早期镍镉电池的替代产品，它是目前最环保的电池之一，不再使用有毒的镉，可以消除重金属对环境带来的污染问题。镍氢电池具有较大的能量密度，这意味着可以在不为设备增加额外重量的情况下，使用镍氢电池能有效地延长设备的工作时间，主要应用于混合动力车辆上。

锂离子电池一直是绿色环保电池的首选，锂离子电池的生产技术不断提升，成本不断压缩，故近几年锂离子电池被应用到很多领域。主要围绕磷酸铁锂、三元锂等锂离子电池进行技术开发及推广应用。锂离子电池具有容量高、比能量高、循环寿命长、无记忆效应等优点，因而成为当前电动汽车用动力电池技术研究开发的主要方向。近几年，大多数纯电动汽车和插电式混合动力汽车都采用了锂离子动力电池。

（2）动力电池未来的发展趋势　根据市场考察，在车用动力电池方面，主要围绕锂离子电池、氢燃料电池及超级电容器等进行深入研发。能源补给方面，锂离子电池、超级电容器适用于纯电动汽车，但是需要外部充电，而氢燃料电池汽车则需要外部加注氢气。目前来看，锂离子电池在未来相当长的一段时间内将占据主要地位。

三、新能源汽车动力电池的性能参数

新能源汽车的核心部件之一是动力电池，动力电池的发展是新能源汽车发展的基础和前提。纯电动汽车的经济速度由动力电池组的使用效率、电机和控制器效率、摩擦阻力等决定，经济速度与动力电池组内阻有直接关系，在一定范围内变化。以经济速度行驶，纯电动汽车能达到最大的续驶里程。续驶里程可以考察动力电池组的能量供给能力，经济速度反映了动力电池组的功率提供能力，大容量和高功率的动力电池是未来发展的主要方向。

1. 电压

开路电压，即在电池外部不接任何负载或电源时，测得的电池正负极之间的电位差，即电池的开路电压。负载电压，与开路电压相对应，即电池外接上负载或电源，有电流流过电池，测量所得的正负极之间的电位差。由于电池内阻的存在，放电状态时（外接负载），负载电压低于开路电压，充电时（外接电源）的负载电压高于开路电压。

标称电压，是指在规定条件下电池工作的标准电压。不同电化学类型的单体电池的标称

电压是不同的，根据标称电压也能区分电池的化学体系。表 1-2 为各类单体电池的标称电压。

表 1-2　各类单体电池的标称电压

电池类型	单体标称电压/V
铅酸电池（VRLA）	2
镍氢电池（Ni - MH）	1.2
磷酸铁锂电池（$LiFePO_4$）	3.2
锰酸锂电池（$LiMn_2O_4$）	3.7

2. 容量

容量是完全充电的蓄电池在规定条件下所释放出的总容量，即 $Q = It$，电池容量＝电流×放电时间，单位一般为 Ah（安时）或 mAh（毫安时）。

比如车内蓄电池标注 16Ah，即表示在工作电流为 2A 时，理论上该蓄电池可以使用 8h。

电池容量

3. 放电能量与能量密度

电池的放电能量是指在一定放电制度下，电池所输出的电能。单位为 Wh（瓦时），能量＝电压×电池容量。

电池的能量密度是指从蓄电池的单位质量或单位体积所获取的电能，单位为 Wh/kg 或 Wh/L，也称作比能量。电池的能量密度一般分质量能量密度和体积能量密度两个维度。

电池质量能量密度＝电池容量×放电能量/质量，基本单位为 Wh/kg。

电池体积能量密度＝电池容量×放电能量/体积，基本单位为 Wh/L。

电池的能量密度越大，单位体积或质量内存储的电量越多。

4. 功率密度

能量除以时间，便得到功率，单位为 W 或 kW。同样道理，功率密度是指单位质量（也直接叫比功率）或单位体积电池输出的功率，单位为 W/kg 或 W/L，也称作比功率或质量比功率。比功率是评价电池是否满足电动汽车加速性能的重要指标。

5. 充放电倍率

充放电倍率是指在规定时间内存储或放出其额定容量（Q）时所需要的电流强度，它在数值上等于电池额定容量的倍数。即：充放电倍率＝充放电电流/额定容量，其单位一般为 C（C-rate 的简写），如 0.5C、1C、5C 等。

举个例子，对于容量为 24Ah 电池来说：

用 48A 充电，其充电倍率为 2C，反过来，以放电倍率为 2C 放电，放电电流为 48A，0.5 小时放电完毕。

用 12A 充电，其充电倍率为 0.5C，反过来，以放电倍率为 0.5C 充电，充电电流为 12A，2 小时充电完毕。

电池的充放电倍率，决定了我们可以以多快的速度，将一定的能量存储到电池里面，或者以多快的速度，将电池里面的能量释放出来。

6. 荷电状态

荷电状态也叫剩余电量，英文全称是 State of Charge，简称 SOC，代表的是电池放电后剩余容量与其完全充电状态时的容量的比值。

其取值范围为 0~1，当 SOC＝0 时表示电池完全放电，当 SOC＝1 时表示电池完全充满。电池管理系统（BMS）主要是通过管理 SOC 并进行估算，从而保证电池高效的工作，所以荷电状态是电池管理的核心。

7. 内阻

电池内部，离子从一极运动到另一极的过程中阻碍离子运动的因素共同组成了电池的内阻。内阻主要分为三个部分：一是离子阻抗，二是电子阻抗，三是接触阻抗。若想电池的内阻小，那么就需要针对此三项内容采取有效措施来降低欧姆内阻。

锂电池的离子阻抗是指锂离子在电池内部传递时所受到的阻力。在锂电池中锂离子迁移速度和电子传导速度起着同样重要的作用，离子阻抗主要受正负极材料、隔膜以及电解液的影响。

内阻对温度最为敏感，不同温度下，内阻值会发生很大变化。低温下电池性能下降，重要的原因之一就是低温下电池内阻过大。电池作为一个电源，从外部看，内阻肯定是越小越好，尤其在功率应用情形下，小内阻是必要的条件。

8. 自放电

电池自放电，是指蓄电池内部自发的或不期望的化学反应造成可用容量自动减少的现象。一般而言，电池自放电主要受制造工艺、材料、储存条件的影响。自放电按照容量损失后是否可逆划分为容量损失可逆和容量损失不可逆两种，容量损失可逆，指经过再次充电过程容量可以恢复；容量损失不可逆，指容量不能恢复。

目前对电池自放电原因研究理论比较多，总结起来可分为物理原因（存储环境、制造工艺、材料等）和化学原因（电极在电解液中的不稳定性，内部发生化学反应，活性物质被消耗等），电池自放电将直接降低电池的容量和储存性能。

9. 使用寿命

电池的寿命分为循环寿命和日历寿命。循环寿命指的是在特定的充放电制度下电池在不能满足寿命终止标准前可以循环充放电的次数。即在理想的温湿度条件下，以额定的充放电电流进行充放电，计算电池容量衰减到 80% 时所经历的循环次数。

日历寿命是指电池在使用环境条件下，经过特定的使用工况，达到寿命终止条件（容量衰减到 80%）的时间跨度。日历寿命是与具体的使用要求紧密结合的，通常需要规定具体的使用工况、环境条件和存储间隔等。

循环寿命是一个理论上的参数，而日历寿命更具有实际意义。但日历寿命的测算复杂、耗时长，所以一般电池厂家只给出循环寿命。

10. 不一致性

即使是同一规格型号的单体电池在成组后，电池组的电压、容量、内阻、寿命等性能也会有很大的差别，在电动汽车上使用时，性能指标往往达不到单体电池的原有水平。

单体电池在制造时由于工艺的问题，导致内部结构不完全一致，本身存在一定的性能差异。初始的不一致性随着电池在使用过程中连续的充放电循环而累计，再加上电池组内的使用环境对于各单体电池也不尽相同，导致各单体电池状态产生更大的差异，在使用过程中逐步放大，从而在某些情况下使某些单体电池性能加速衰减，并最终导致电池组过早失效。

需要指出的是，动力电池组的性能取决于单体电池的性能，但绝不是单体电池性能的简单累加。由于单体电池性能的不一致，使得动力电池组在电动汽车上进行反复使用时，产生各种问题而导致使用寿命缩短。因此，除了要求在生产和配组过程中，严格控制工艺和尽量保持单体电池的一致性外，目前行业普遍采用带有均衡功能的电池管理系统来控制电池组内电池的一致性，以延长产品的使用寿命。

11. 化成

这个参数主要和电池的制造工艺有关。电池制成后，需要对单体电池进行小电流充电，将其内部正负极物质激活，在负极表面形成一层钝化层，即 SEI（solid electrolyte interface）膜，使电池性能更加稳定，这一过程称为化成，电池经过化成后才能体现其真实的性能。

化成过程中的分选过程能够提高电池组的一致性，使电池组最终的性能提高，化成容量是筛选合格电池的重要指标。

四、新能源汽车对动力电池的性能要求

动力电池作为新能源汽车上的核心部件，应达到汽车的法规标准，与应用于其他领域的动力电池相比，其各个方面应按照最优化的整车设计应用指标去设计，以满足新能源汽车的正常使用，主要有以下几个方面要求：

1. 高比能量

高比能量对于新能源汽车而言，意味着一次充电可行驶更长的距离。动力电池容量有限，需提高能量密度，到 2020 年系统级能量密度已达到 250Wh/kg，成本也低于 1 元/Wh，续驶里程达到 400km 以上，而且还在继续提高。

2. 高功率

高功率涉及新能源汽车的加速性能和爬坡性能，动力电池要能为驱动电机提供高功率输出，以满足车辆动力性的要求。

3. 循环寿命长

循环寿命长（涉及流动成本）。目前，实际应用的动力电池的循环寿命较短，普通动力电池充放电次数仅为 500~600 次，性能良好的动力电池充放电次数为 1000 次以上。动力电池的循环寿命关系到电池成本，提高循环寿命是目前电池技术研究的重点方向之一。

4. 电池成本和尺寸兼容

材料技术进步及规模化、标准化、整车能耗降低、梯次利用等都将促进电池成本降低。标准化可最大限度减少开发成本，同时对梯次利用也是一个很重要的基础。整车企业未来将会定义模组规格（比如 VDA 或新国标电动汽车用动力蓄电池产品尺寸规格），在模组规格范围内进行布置，有利于跨平台应用，同时便于回收梯次利用。随着整车布置的优化需求，滑板式电池包布置在车辆底盘，对于电池的 Z 向要求越来越高，电池高度由 120mm 进一步压缩到 100mm，对于单体电池的高度由 91mm 优化到 80mm。

5. 安全

安全，它关系到动力电池在使用过程中是否可靠，方便。中小容量锂动力电池的产业化已经非常成功，但大容量、高功率锂动力电池的安全性问题还未得到有效解决。动力电池容量越大，其一旦失控所造成的危害就越大。针对动力电池安全性，需在电气安全、机械安全和热安全的基础上开展动力电池系统的安全性整体方案设计研究，针对动力电池系统开展故障诊断预测、热安全监测预警和防控关键技术。

6. 温度适应强

新能源汽车的使用不应受地域的强制限制，即能在夏季地表温度 50℃ 以上也能在冬季 -15℃ 以下的工况下正常工作。因此，对于动力电池而言，需要其具有良好的温度适应性。目前的动力电池系统考虑电池的温度适应性问题，一般都是通过设计相应的冷却系统或加热系统以保证动力电池的最佳工作温度。

▶▶▶ 任务实施

任务内容：动力电池参数识别

1. 任务准备

新能源汽车电池的应用与其他领域电池的应用有所不同，需要识别其相关参数，才能更好地认识动力电池的性能要求。

安全防护：做好电池包安全防护与隔离（警示安全带、绝缘垫等）。

工具准备：绝缘手套、任务工单。

台架设备：新能源动力电池包组装连接实训台。

2. 安全注意事项

1）判断车辆是否安全。为保证工作人员的安全，需要确定车辆属于安全车辆。

2）遵守电动汽车的操作安全提示。

3）无压状态下切换高压系统。

4）确认组合仪表中高压系统已经退出工作。

5）穿戴绝缘保护用品。穿戴好绝缘手套、绝缘鞋，如果需要拆装高压用电设备，请使用专用绝缘工具。

3. 实施步骤

示 意 图	实施步骤
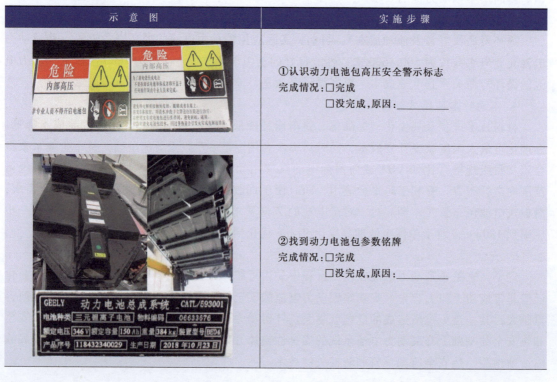	①认识动力电池包高压安全警示标志 完成情况：□完成 　　　　　□没完成,原因：_____
	②找到动力电池包参数铭牌 完成情况：□完成 　　　　　□没完成,原因：_____

（续）

示 意 图	实施步骤
锂离子动力电池系统铭牌 电池种类： 标称电压： 额定容量： 重量： 生产日期： 储电量： 能量密度：	③根据实训任务工单，填写相关内容 完成情况：□完成 　　　　　□没完成，原因：＿＿＿＿＿

任务2　认知铅酸动力电池

▶▶ 任务引入

新能源汽车与传统汽车虽在结构上有很大变化，但也有相似之处，例如整车的低压供电部分，绝大多数新能源汽车仍然使用与传统汽车一样的铅酸电池，为整车的低压模块提供工作电源，那到底为什么铅酸电池能通用呢？让我们一起学习吧！

▶▶ 任务目标

1. 能够说出铅酸电池的结构及工作原理。
2. 能够识别不同种类的铅酸电池。
3. 能够正确地检测铅酸电池的性能。
4. 能够对照教材说出铅酸电池的工作特性及其在新能源汽车上的应用情况。

认知铅酸
动力电池

▶▶ 知识链接

蓄电池是1859年由普兰特（PLANTE）发明的，至今已有一百多年的历史。铅酸蓄电池自发明后，在化学电源中一直占有绝对优势。因为其价格低廉、原材料易于获得，使用上有充分的可靠性，适用于大电流放电及广泛的环境温度范围等优点，在储能电源、起动电源、车载电源等领域得到了广泛的应用。

一、铅酸电池的类型

目前，汽车上常用的铅酸电池主要分三类：普通蓄电池、干荷蓄电池和免维护蓄电池。

普通蓄电池：普通蓄电池的极极板是由铅和铅的氧化物构成，电解液是硫酸的水溶液。它的主要优点是电压稳定、价格便宜；缺点是比能量低（即每公斤蓄电池存储的电能）、使用寿命短和日常维护频繁。

干荷蓄电池：它的全称是干式荷电铅酸蓄电池，它的主要特点是负极板有较高的储电能力，在完全干燥状态下，能在两年内保存所得到的电量，使用时，只需加入电解液，等待20～30min 就可使用。

免维护蓄电池：免维护蓄电池由于自身结构上的优势，电解液的消耗量非常小，在使用寿命内基本不需要补充电解液。它还具有耐震、耐高温、体积小、自放电小等特点，使用寿命一般为普通蓄电池的两倍。市场上的免维护蓄电池有两种：第一种在购买时一次性加电解液，使用中不需要维护（添加补充液）；另一种是电池本身出厂时就已经加好电解液并封死，用户根本就不能补充电解液。

现在新能源汽车上，都已全面使用免维护铅酸蓄电池，如图 1-7 所示为吉利帝豪 EV300 使用的免维护铅酸蓄电池。

图 1-7　吉利帝豪 EV300 使用的免维护铅酸蓄电池

二、铅酸电池的结构

铅酸电池是在盛有稀硫酸的容器内插入两组极板而构成的电能存储器，它由正极板、负极板、隔板、电解液、电池外壳等组成。

如图 1-8 所示为 6V 铅酸电池的结构。它由三个相同的单格电池组成。每个单格电池的电压为 2V，把 3 个单格串联起来，便成了一个 6V 铅酸电池。

1）极板：电池的核心部分，是电池储存电能的主要部件，分为正负极板。正负极板均是以特殊的合金板栅涂上活性物质所得，极板在充放电时存储和释放能量，确保电池的容量和性能可靠。

2）隔板：置放于电池正负极中间的一个隔离介质，防止电池正负极直接接触而短路的装置，不同类型的铅酸电池隔板材质不同，阀控类电池主要以 AGM、PE、PVC 为主。

3）电解液：铅酸电池的电解液是用蒸馏水配制的稀硫酸，电解液在充放电时起到在正负极间传输离子的作用，因而电解液必须没有杂质。

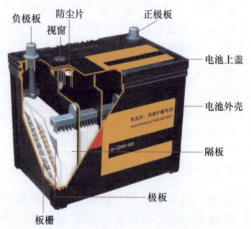

图 1-8　铅酸电池的结构

4）电池外壳：电池包覆的容器，电解液和极板均在电池外壳内，主要起支撑作用，同时防止内部物质外溢，外部物质进入内部污染电池。

三、铅酸电池的工作原理

铅酸电池（VRLA），是一种电极主要由铅及其氧化物制成，电解液是硫酸溶液的蓄电池。铅酸电池放电状态下，正极主要成分为二氧化铅，负极主要成分为铅；充电状态下，正负极的主要成分均为硫酸铅。充放电过程中如图1-9所示。

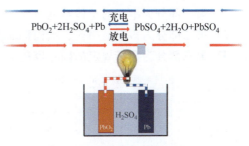

蓄电池双极理论

$$PbO_2 + 2H_2SO_4 + Pb \underset{放电}{\overset{充电}{\rightleftharpoons}} PbSO_4 + 2H_2O + PbSO_4$$

图1-9　铅酸电池充放电过程

1. 放电中的化学变化

蓄电池对外电路输出电能时叫放电。蓄电池连接外部电路放电时，稀硫酸会与阴、阳极板上的活性物质产生反应，生成新化合物硫酸铅。经由放电硫酸成分从电解液中释出，放电越久，硫酸浓度越低，电池两端的电压就越低。

化学反应过程如下：

（正极）（电解液）（负极）　　（正极）（电解液）（负极）

PbO_2 ＋ $2H_2SO_4$ ＋　Pb $\longrightarrow$ $PbSO_4$ ＋　$2H_2O$ ＋$PbSO_4$ （放电反应）

电池放电终止特征：①单格电池电压降到放电终止电压；②电解液密度降到最小许可值。此外，放电终止电压与放电电流的大小有关，放电电流越大，允许的放电时间就越短，放电终止电压也越低。

2. 充电中的化学变化

蓄电池从其他直流电源获得电能叫充电。由于放电时在阳极板、阴极板上所产生的硫酸铅会在充电时被分解还原成硫酸、铅及二氧化铅，因此电池内电解液的浓度逐渐增加，即电解液比重上升，逐渐恢复到放电前的浓度，这种变化表示蓄电池中的活性物质已还原到可以再度供电的状态，当两极的硫酸铅被还原成原来的活性物质时，充电结束。

化学反应过程如下：

（正极）（电解液）（负极）　　（正极）（电解液）（负极）

$PbSO_4$ ＋　$2H_2O$ ＋$PbSO_4$$\longrightarrow$ PbO_2 ＋ $2H_2SO_4$ ＋　Pb （充电反应）

电池充满电的标志：①电解液中有大量气泡冒出，呈沸腾状态；②电解液的密度和电池的端电压上升到规定值，且在2~3h内保持不变。

四、铅酸电池的规格型号【JB/T 2599—2012《铅酸蓄电池名称、型号编制与命名办法》】

1. 蓄电池型号字母及数字

蓄电池型号字母及数字应符合如下要求：

1）型号采用汉语拼音或英语的第一个大写字母与阿拉伯数字表示。

2）蓄电池型号优先采用汉语拼音第一个字母，当汉语拼音无法表述时方可用英语字头，英语字头为国际电工委员会（IEC）所提及的铅酸蓄电池英文词组。

2. 型号组成

蓄电池型号由三部分组成（图1-10、图1-11）：

1）第一部分为串联的单体蓄电池数。

2）第二部分为蓄电池用途、结构特征代号。

3）第三部分为标准规定的额定容量。

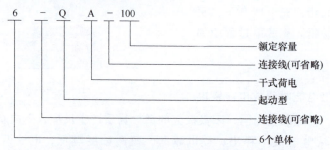

示例：6个单体串联的额定容量为100A·h的干式荷电起动型蓄电池的型号命名为6-QA-100。

图1-10 铅酸电池规格型号

图1-11 铅酸电池规格型号（实物）

蓄电池用途、结构特征代号见表1-3和表1-4。

表1-3 蓄电池用途

序号	蓄电池类型（主要用途）	型号	汉字
1	起动型	Q	起
2	固定型	G	固
3	牵引（电力机车）用	D	电
4	内燃机用	N	内
5	铁路客车用	T	铁
6	摩托车用	M	摩
7	船舶用	C	船
8	储能用	CN	储能
9	电动道路车用	EV	电动车辆
10	电动助力车用	DZ	电助
11	煤矿特殊	MT	煤特

表 1-4 蓄电池结构特征代号

序号	蓄电池特征	型号	汉字
1	密封式	M	密
2	免维护	W	维
3	干式荷电	A	干
4	湿式荷电	H	湿
5	微型阀控式	WF	微阀
6	排气	P	排
7	胶体	J	胶
8	卷绕式	JR	卷绕
9	阀控式	F	阀

五、铅酸电池的应用

按照应用领域划分，铅酸蓄电池可分为备用电源电池、储能电池、起动电池和动力锂电池四大类。备用电源电池主要用于通讯备用电源、不间断电源（UPS）、应急照明电源及其他备用电源的蓄电池。储能电池是指适用于供太阳能发电设备和风力发电机以及其他可再生能源的储能用蓄电池。起动电池主要应用于汽车、摩托车、燃油发动机起动、点火和照明的蓄电池。动力锂电池主要应用于电动自行车、电动特种车（电动游览车、高尔夫车、巡警车、叉车等）、低速电动乘用车等电动汽车。

六、铅酸电池的工作特性

1. 影响蓄电池容量的因素

（1）结构因素 影响蓄电池容量的结构因素有极板表面积大小、极板片数多少（参加反应活性物质越多，容量越大）和极板厚度。极板越薄，活性物质的多孔性越好，电解液向极板内部的渗透越容易，活性物质利用率越高，输出容量也就越大。

（2）使用因素 影响蓄电池容量的使用因素有放电电流、电解液温度、密度。三者关系如图 1-12 所示。

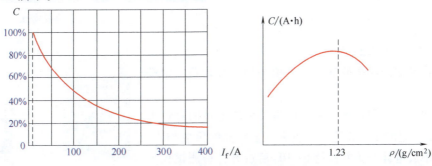

图 1-12 使用因素对电池容量的影响

2. 充电特性

恒流限压法作为铅酸电池最常用的充电方法，无论是对于铅酸单体电池还是铅酸电池组，在工程实践中应用最多。

3. 放电特性

在大部分放电过程中，电池端电压是稳定下降的，到放电末期，电池端电压急剧下降，此时应停止放电，否则会造成电池的过放电。过放电会致使电池内部大量的硫酸铅被吸附到蓄电池的阴极表面，造成电池阴极"硫酸盐化"。

4. 温度特性

温度对蓄电池的容量和电动势影响很大，电解液温度高时扩散速度增加、电阻降低，电池电动势增加。因此铅酸电池的容量及活化物质利用率随温度的增加而增加。反之，电解液温度降低时，其黏度增大，离子运动受到较大阻力，扩散能力降低。低温下电解液的电阻也增大，电化学反应的阻力增加，导致蓄电池容量下降。

七、普通铅酸蓄电池电量及性能的检查

1. 电解液液面高度的检查

电解液液面高度应该处于高低位刻度线之间，如图 1-13 所示。

2. 视窗孔检查

现在市场上主流的汽车用铅酸蓄电池基本都是免维护电池，可以通过视窗孔的颜色来判断电量及性能。如图 1-14 所示，绿色表示电量正常、红色表示蓄电池损坏、白色表示电量不足。

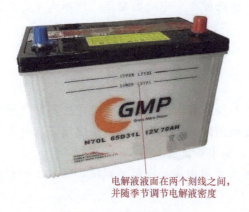

电解液液面在两个刻度线之间，
并随季节调节电解液密度

图 1-13　电解液液面高度

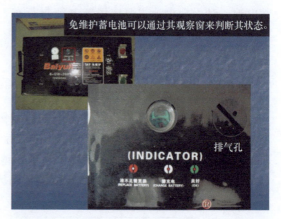

图 1-14　蓄电池视窗孔

3. 蓄电池端电压的检测

使用蓄电池高功率放电计（见图 1-15）测量蓄电池端电压。

方法如下：关闭点火开关，将高功率放电计的红色夹（针）与蓄电池的正极相连，黑色夹与蓄电池的负极相连。按压高功率放电计开关并保持 5~10s 后放开，待测试仪上的指针静止不动后读数，此读数即为蓄电池的端电压，如果电压 ≥ 11.5V，则说明蓄电池良好，如果电压在 9.6~11.5V，则表明蓄电池较好，如电压 < 9.6V，则说明蓄电池需要充电或存在故障，如电压迅速下降且值较低，则说

图 1-15　高功率放电计

明蓄电池损坏。

4. 对蓄电池电量进行检测

方法：把万用表量程调到直流电压档，正负极分别接在该车蓄电池正负极，打开车的前大灯，仔细观察万用表数值有无变化，如果万用表上的电压数据按规律 12.6V/12.5V/12.4V/12.3V 下降，说明该蓄电池工作性能良好，如果电压数据呈现跳跃性变动下降，说明该蓄电池工作性能不好，需要及时更换蓄电池。

》》》 任务实施

任务内容：铅酸电池参数识别及性能检测

1. 任务准备

不同性能的铅酸电池用于不同车辆上，车辆需使用维修手册上标明的标准规格类型的铅酸电池，因此认知铅酸电池的参数及性能检测很有必要。

安全防护：做好电池包安全防护与隔离（警示安全带、绝缘垫等）。

工具准备：万用表、任务工单。

台架设备：新能源整车或铅酸蓄电池若干。

2. 安全注意事项

1）判断车辆是否安全。为保证工作人员的安全，需要确定车辆属于安全车辆。

2）遵守电动汽车的操作安全提示。

3）无压状态下切换高压系统。

4）确认组合仪表中高压系统已经退出工作。

5）穿戴绝缘保护用品。穿戴好绝缘手套、绝缘鞋，如果需要拆装高压用电设备，请使用专用绝缘工具。

3. 实施步骤

1）铅酸电池参数识别。

示 意 图	实 施 步 骤
	①寻找吉利 EV450 铅酸电池安装位置 完成情况：□完成 　　　　　□没完成，原因：_____
	②找到铅酸电池参数铭牌 完成情况：□完成 　　　　　□没完成，原因：_____
铅酸电池铭牌参数 产品型号： 标称电压： 额定容量： 起动电流： 电池类型：	③根据实训任务工单，填写相关内容 完成情况：□完成 　　　　　□没完成，原因：_____

2）铅酸电池性能测试。

示 意 图	实 施 步 骤
	①打开前机舱盖,检查液面高度和视窗孔颜色 液面高度:_____ 颜色:_____ 电池状态:_____ 完成情况:□完成 　　　　　□没完成,原因:_____
	②使用高功率放电计测量蓄电池性能 测试结果:_____ 完成情况:□完成 　　　　　□没完成,原因:_____
	③使用万用表检测蓄电池性能 测试结果:_____ 完成情况:□完成 　　　　　□没完成,原因:_____

任务3　认知镍氢动力电池

▶▶ 任务引入

镍氢电池作为美、日等国家的油电（非插电式）混合动力汽车的首选，电池的特点决定了其使用环境。本节以丰田混合动力汽车为例介绍镍氢蓄电池结构、原理等知识。

▶▶ 任务目标

1. 了解镍氢电池的工作原理及结构。
2. 通过学习，掌握镍氢电池在混合动力汽车上的应用。

▶▶ 知识链接

认知镍氢
动力电池

镍氢电池是碱性电池的一种。碱性电池是指以氢氧化钾（KOH）等碱性水溶液为电解液的蓄电池的总称，根据极板活性物质的不同，有锌银电池、铁镍电池、镍镉电池、镍氢电池等。碱性动力电池主要有镍氢电池（Ni-MH）和镍镉电池（Ni-Cd）两种，如图1-16a、图1-16b所示。镍镉电池在使用过程中会出现严重的"记忆效应"，使用寿命大大缩短，同时金属镉又是有毒性的，报废后必须回收，因此现阶段基本上已经淘汰了镍镉电池，替代产品为镍氢电池。

18

镍氢电池是20世纪90年代发展起来的一种新型绿色电池，具有高能量、长寿命、无污染等特点，因而成为世界各国竞相发展的高科技产品之一。镍氢电池的诞生归功于储氢合金的发现。早在20世纪60年代末，人们就发现了一种新型功能材料，即储氢合金，储氢合金在一定的温度和压力下可吸放大量的氢，因此被人们形象地称为"吸氢海绵"。

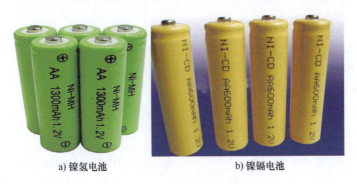

a) 镍氢电池　　　　　　　　　b) 镍镉电池

图 1-16　碱性动力电池

一、镍氢电池的类型

　　镍氢电池可以根据不同的特性进行分类，除了标准型或通用型镍氢电池外，从特殊的使用效果来看，既有高容量型，也有高倍率型，还有低温和高温型。

　　（1）标准型　具有镍氢电池的一般标准，这些标准由以下特点组成：

　　1）使用寿命应在500～1000次。

　　2）密封防漏。使镍氢电池成为免维护电池，同时在使用和储存正常的状态下安全性得到有效保证。

　　3）性能稳定。可以在很宽的湿度和温度范围内使用，电池内阻低，大电流放电后仍然有稳定的电压。

　　4）适用范围广。应急灯、无绳电话、便携电话、遥控器、电子词典、玩具等，无特殊要求的移动电源几乎都可使用。

　　（2）高容量型（S型）　除了具有标准型电池的特点外，由于是选用性能优异的高分子材料构成的，采取了严格的生产工艺，因而能给用电器具提供较长时间的能量，但是有些人据此把高容量镍氢电池也称作长寿命电池是不科学的，因为这种动力电池的主要优势是高容量，虽然表现为充电后的使用时间较长和稳定的性能，但从镍氢电池寿命与容量的不同定义出发，还是高容量更能说明其特征，该款电池主要适用于比较耗电的数码相机。

　　（3）高倍率型　这是通过其可以承受大倍率电流而言的，通常，高倍率镍氢电池可采用1C的充电倍率进行充电，一个多小时即可充满。若以5C的放电倍率进行放电时，电池的中值电压可以达到1.24V以上，放出的电量可达到90%以上。因此，该款电池具有优异的快速充电和大电流放电性能，特别适合大电流放电的用电器具，如电动工具、大型玩具（车仔玩具、遥控飞机）等。

　　（4）低温和高温型　分别具有优异的低温和高温工作性能，它们仅仅是在主电源出现故障时才进行放电，其寿命是由操作条件来决定，而不是普通镍氢电池的循环次数，这些操作条件的首要条件是环境温度，其他还有充电电流、放电频率和放电深度。这两种电池主要应用在低温和高温环境下的指示灯、应急灯等。

上述分类是基于镍氢电池的主要性能，同一电池可以具备两种以上的优异性能，而镍氢电池厂家应在用户需求中寻求最佳性能的平衡点。

二、镍氢电池的工作原理

镍氢电池和同体积的镍镉电池相比，容量多一倍，充放电循环寿命也较长，同时无记忆效应。镍氢电池正极的活性物质为 NiOOH（放电时）和 $Ni(OH)_2$（充电时），负极板的活性物质为金属氢化物，也称储氢合金，电解液采用6mol/L的氢氧化钾（KOH）溶液。工作原理如图 1-17 所示。

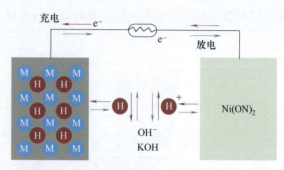

$(-)M+H_2O+e^- \leftrightarrow MH+OH^-$
$(+)\beta-Ni(OH)_2+OH^- \leftrightarrow \beta-NiOOH+H_2O+e^-$

图 1-17　镍氢电池工作原理

1. 充电中的化学变化

正极反应式：$Ni(OH)_2+OH^- \rightarrow NiOOH+H_2O+e^-$

负极反应式：$M+H_2O+e^- \rightarrow MH+OH^-$

电池总反应式：$M+Ni(OH)_2 \rightarrow MH+NiOOH$

2. 放电中的化学变化

正极反应式：$NiOOH+H_2O+e^- \rightarrow Ni(OH)_2+OH^-$

负极反应式：$MH+OH^- \rightarrow M+H_2O+e^-$

电池总反应式：$MH+NiOOH \rightarrow M+Ni(OH)_2$

上式中 M 为储氢合金，MH 为吸附了氢原子的储氢合金。最常用的储氢合金为 $LaNi_5$。

电池充电时，氢氧化钾（KOH）电解液中的氢离子（H^+）会被释放出来，由这些化合物将它吸收，避免形成氢气（H_2），以保持电池内部的压力和体积不变。当电池放电时，这些氢离子便会和 OH^- 结合形成 H_2O，回到原来的地方。

三、镍氢电池的结构

镍氢电池由氢氧化镍正极，储氢合金负极，隔膜纸，电解液，钢壳，顶盖，密封圈等组成，其结构如图 1-18 所示。在圆柱形电池中，正负极用隔膜纸分开卷绕在一起，然后密封在钢壳中。在方形电池中，正负极由隔膜纸分开后叠成层状密封在钢壳中。

镍氢蓄单体电池的标称电压为 1.2V，通常由六个或十个单体电池构成一块电压为 7.2V 或 12V 的电池模组。如图 1-19 所示的镍氢电池模组就由六个方形单体电池组成，电压为 7.2V，每节电池电容量为 6.5Ah，实测外形尺寸为 274mm×106mm×20mm，质量为 1.1kg。

四、镍氢电池的特性

1. 充电特性

充电特性曲线如图 1-20 所示，该曲线大致可分为三段。

开始充电时电压上升较快，然后比较平缓，随着充电过程的进行，当充电容量接近电池

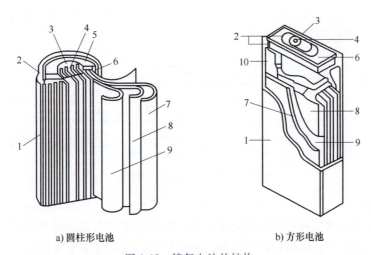

a) 圆柱形电池   b) 方形电池

图 1-18　镍氢电池的结构

1—盒子（-）　2—绝缘衬垫　3—盖帽（+）　4—安全排气口　5—封盘　6—绝缘圈　7—负极
8—隔膜　9—正极　10—绝缘体

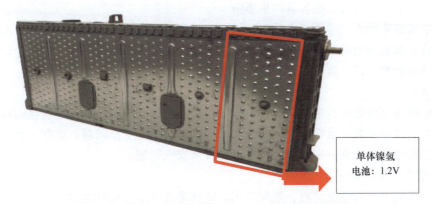

单体镍氢
电池：1.2V

图 1-19　镍氢电池模组的结构（由六个方形单体组成）

额定容量的 75% 左右时，电压就再次呈现快速上升的趋势。当充电容量超过电池额定容量之后就进入过充电阶段，此时正极析出的氧会在负极储氢合金表面进行还原、去极化，使负极电位正移，电池温度迅速升高，加之镍氢电池反应温度系数是负值，电池的充电电压就会下降。

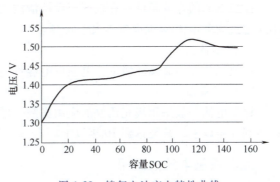

图 1-20　镍氢电池充电特性曲线

2. 放电特性

镍氢电池负载电压为 1.2V，指的是平均电压，是镍氢电池的重要性能指标。如图 1-21 所示。电池的放电特性受电流、环境温度等因素的影响，电流越大，温度越低，电池放电电压和放电效率越低，长期大电流放电对电池的寿命也会造成一定的影响。终止电压一般设定在 0.9~1V，终止电压如果设定得太高，电池容量不能被充分利用；反之，则容易引起电池过放电。

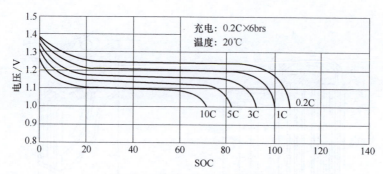

图 1-21　镍氢电池放电特性曲线

3. 容量特性

电池的实际容量受到理论容量的限制，但与实际放电机制和应用工况密切相关。在高倍率即大电流放电条件下，电极的极化增强，内阻增大，放电电压下降很快，电池的能量效率降低，电池的实际容量一般都低于额定容量。相应地，在低倍率放电条件下，放电电压下降缓慢，电池实际放出的容量常常高于额定容量。镍氢电池的充电电流、放置时间、放电终止电压和放电电流等均会对放电容量产生影响。

充电电流倍率增大，导致充电效率和放电容量降低，放置时间对镍氢电池放电容量的影响本质上就是镍氢电池的自放电问题。放电电流增大，电极极化也增大，电化学极化内阻就大，其端电压相对较低，放电容量随放电终止电压的降低而增加。

4. 内压

镍氢电池在充放电过程中，正极析出氧气，负极析出氢气，从而产生电池内压。镍氢电池的内压是一直存在的，通常都维持在正常水平，不会引起安全问题。但在过充电或过放电情况下，电池内压升高到一定程度，就有可能带来安全问题。

5. 自放电和存放条件

电池的自放电是由电极材料、制造工艺、储存条件等多方面因素决定的，在 2℃ 下，镍氢电池的月自放电率达到 20%~25%。

镍氢电池的存放条件：存放区应保持清洁、凉爽、通风，温度应在 10~25℃ 之间，一般不应超过 30℃，相对湿度应不大于 65%。

6. 温度特性

镍氢电池在中高温环境下，电池放电容量明显比低温时放电容量大。

7. 循环寿命

镍氢电池一般采用浅充浅放的应用机制，即 SOC 在 40%~80% 之间，电池的使用寿命可以达到 5 年以上，甚至达到 10 年以上。

五、镍氢电池的应用

由于镍氢电池具有充放电容量大、无污染、能量密度高且循环寿命长、安全性能好等特点，能够满足混合动力汽车的要求，成为混合动力汽车的主流动力来源。该类电池目前在日系混合动力车型中应用广泛，如图 1-22 所示为丰田卡罗拉、雷凌双擎中镍氢电池组的布置。

该电池组电压为 201.6V，容量为 6.5Ah，单体模块为 28 块。镍氢电池是当前混合动力汽车中应用最为成熟的绿色电池，在已经研制或投入生产的日系混合动力汽车中 80% 以上均采用镍氢电池作为动力电源。

丰田混合动力蓄电池系统概述

1）蓄电池总成：主要包括高压蓄电池上盖、混合动力蓄电池接线盒总成、维修塞把手、高压蓄电池温度传感器、高压蓄电池（蓄电池模块）、蓄电池智能单元（蓄电池电压传感器）、高压蓄电池进气温度传感器和蓄电池冷却鼓风机总成，如图1-23所示。

图1-22　丰田卡罗拉、雷凌双擎电池组布置

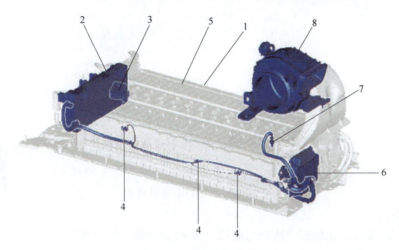

图1-23　高压蓄电池总成

1—高压蓄电池上盖　2—混合动力蓄电池接线盒总成　3—维修塞把手　4—高压蓄电池温度传感器
5—高压蓄电池（蓄电池模块）　6—蓄电池智能单元（蓄电池电压传感器）
7—高压蓄电池进气温度传感器　8—蓄电池冷却鼓风机总成

2）蓄电池模组：蓄电池模组由28个单独的蓄电池模块组成，其通过2个母线模块互相串联在一起。每个蓄电池模块均由6个单格组成。高压蓄电池模组总共有168个单格（6个单格×28个模块），标称电压为201.6V（1.2V×168个单格），如图1-24所示。

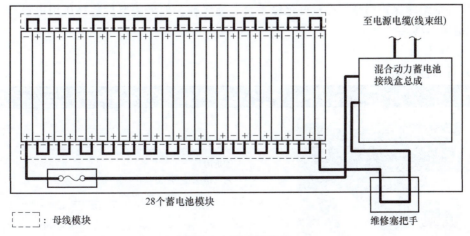

至电源电缆(线束组)

混合动力蓄电池接线盒总成

28个蓄电池模块

▯ ▯ ▯：母线模块

维修塞把手

图1-24　蓄电池模组

3）温度传感器：内部有 3 个高压蓄电池温度传感器和 1 个高压蓄电池进气温度传感器。蓄电池智能单元通过接收温度信息对冷却系统进行优化控制，如图 1-25 所示。

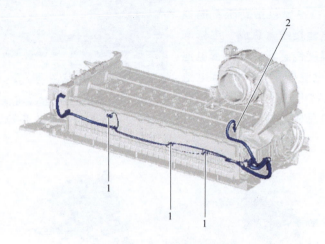

图 1-25　蓄电池温度传感器

1—高压蓄电池温度传感器　2—高压蓄电池进气温度传感器

>>> **任务实施**

镍氢电池组
更换操作流程

任务内容：镍氢电池组更换

1. 任务准备

安全防护：做好电池包安全防护与隔离（警示安全带、绝缘垫等）。

工具准备：万用表、兆欧表、绝缘防护用品、任务工单等。

台架设备：丰田卡罗拉或雷凌混合动力整车、丰田双擎理实一体化实训平台。

2. 安全注意事项

1）判断车辆是否安全。为保证工作人员的安全，需要确定车辆属于安全车辆。

2）遵守电动汽车的操作安全提示。

3）无压状态下切换高压系统。

4）确认组合仪表中高压系统已经退出工作。

5）穿戴绝缘保护用品。穿戴好绝缘手套、绝缘鞋，如果需要拆装高压用电设备，请使用专用绝缘工具。

3. 实施步骤

1）拆卸蓄电池。

示　意　图	实施步骤
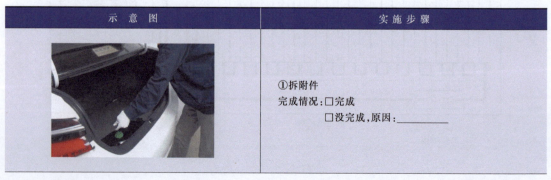	①拆附件 完成情况：□完成 　　　　　　□没完成，原因：_____

（续）

示　意　图	实　施　步　骤
	②断开 12V 蓄电池负极 完成情况：□完成 　　　　　□没完成，原因：_____
	③戴上绝缘手套，拆下维修塞 完成情况：□完成 　　　　　□没完成，原因：_____ 备注：不要徒手触摸任何高压线束、连接器或零件。不要将手放入高压蓄电池的开口内
	④安全放置维修塞 完成情况：□完成 　　　　　□没完成，原因：_____ 备注：拆下维修塞后放到口袋，防止其他技师在您维修过程中将其意外重新连接
	⑤拆除维修塞后等待 10 分钟，等待高压系统线路中残余电量消除
	⑥拆下带转换器的逆变器总成连接器盖，使用万用表测量电压 完成情况：□完成 　　　　　□没完成，原因：_____ 备注：使用万用表测量电压应为 0V
	⑦拆卸后排座椅坐垫总成及其他饰板 完成情况：□完成 　　　　　□没完成，原因：_____

（续）

示　意　图	实　施　步　骤
	⑧拆卸混合动力蓄电池1号进气管和冷却鼓风机总成 完成情况：□完成 　　　　　□没完成，原因：_____
	⑨拆卸连接线 完成情况：□完成 　　　　　□没完成，原因：_____ 备注：高压连接线拆卸后应用绝缘胶布将接头包扎好
	⑩拆卸动力蓄电池 完成情况：□完成 　　　　　□没完成，原因：_____ 备注：注意蓄电池应平稳放置，切勿倒立及碰撞
	⑪检查蓄电池，若蓄电池故障，应更换蓄电池总成

2）安装蓄电池。

示　意　图	实　施　步　骤
	①安装动力蓄电池 完成情况：□完成 　　　　　□没完成，原因：_____ 备注：动力蓄电池固定螺栓拧紧力矩：19Nm
	②连接线路 完成情况：□完成 　　　　　□没完成，原因：_____ 备注：线路连接应可靠

（续）

示　意　图	实　施　步　骤
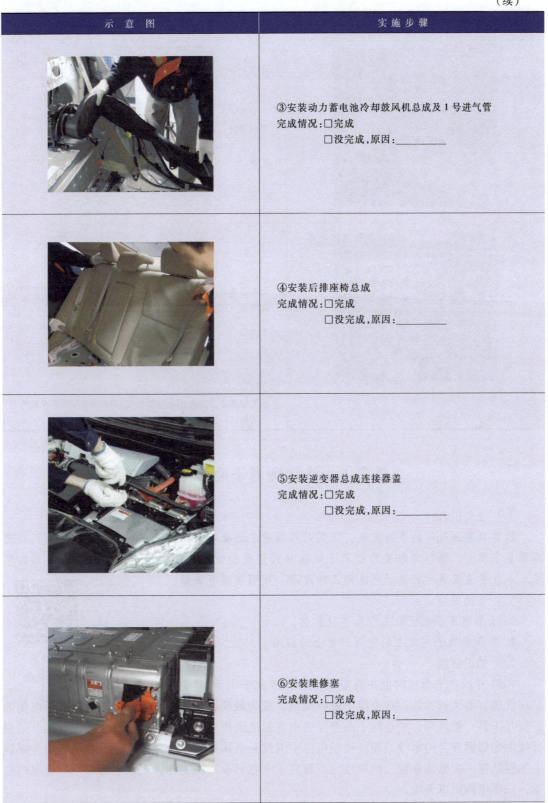	③安装动力蓄电池冷却鼓风机总成及1号进气管 完成情况：□完成 　　　　　□没完成，原因：＿＿＿＿＿
	④安装后排座椅总成 完成情况：□完成 　　　　　□没完成，原因：＿＿＿＿＿
	⑤安装逆变器总成连接器盖 完成情况：□完成 　　　　　□没完成，原因：＿＿＿＿＿
	⑥安装维修塞 完成情况：□完成 　　　　　□没完成，原因：＿＿＿＿＿

（续）

示　意　图	实 施 步 骤
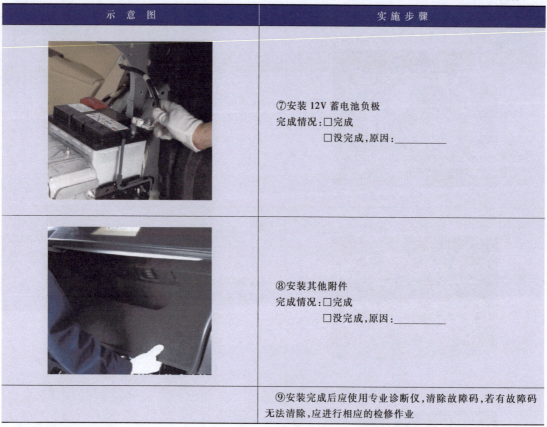	⑦安装 12V 蓄电池负极 完成情况：□完成 　　　　　□没完成，原因：_____
	⑧安装其他附件 完成情况：□完成 　　　　　□没完成，原因：_____
	⑨安装完成后应使用专业诊断仪，清除故障码，若有故障码无法清除，应进行相应的检修作业

任务4　认知锂离子动力电池

≫≫ 任务引入

随着新能源汽车的不断发展，人们对其续驶里程要求不断提升。对于车企来说，只能选择能量密度高、循环寿命长的锂离子电池替代传统能量密度低的电池，满足社会使用的需求。本任务主要进行锂离子电池的工作原理、应用车型等讲解。

≫≫ 任务目标

1. 了解锂离子电池的工作原理及结构。
2. 掌握锂离子电池在新能源汽车上的应用。

≫≫ 知识链接

认知锂离子
动力电池

1991 年锂离子电池问世并商业化生产，锂离子电池以容量大，电压高，循环性能好等优越性能在众电池中脱颖而出，成为最理想最有前途的电池，但锂离子电池的发展并不是一帆风顺，它经历了由金属锂电池发展到锂离子电池的过程。金属锂电池，是指直接由金属锂参与的电池，而锂离子电池中就没有金属锂了，而是锂的化合物。其中金属锂电池包括锂一次电池和锂二次电池，而锂离子电池只有二次电池。一次电池是不能充电的电池，二次电池可以充电。

一、锂离子电池的类型

锂离子电池可以应用到各种领域中，因此，其类型也具有多样性。按照外形分，目前市场上的锂离子电池主要有三种类型：圆柱形电池（图1-26）、方形电池（图1-27）和软包电池（图1-28）；国外已经生产的锂离子电池类型有圆柱形、棱柱形、方形、软包式、薄型和超薄型，可以满足不同用途的要求。

（1）圆柱形锂离子电池　早期电池一开始进行研发制造时就是以圆柱形进行设计的，这种电池使用最广泛，如18650锂离子电池，21700锂离子电池等。早期的笔记本电脑电池一般由8个18650电池组成。圆柱形锂离子电池的标准化程度较高，容易在行业内实现统一标准。另外，圆柱形电池在散热方面也有着先天优势，封包时圆柱与圆柱之间形成了很好的散热空间。

（2）方形锂离子电池　大多数方形电池都是聚合物锂离子电池，因为聚合物延展性好，可以做出很多形状，也可以随意调整锂离子电池的长宽高，现在很多数码产品都使用这种电池。方形电池的可塑性更强一些，可以根据搭载产品的具体需求进行定制化设计，这也导致了方形锂离子电池大小不一，目前无论制造工艺或者应用标准都没有圆柱形电池那样清晰的划分。

图1-26　圆柱形锂离子电池

图1-27　方形锂离子电池

（3）软包锂离子电池　软包电池因为采用了叠加的制造方式，体积更加纤薄，能量密度最高，这也比较符合我国新能源车市场的发展趋势。另外，软包电池同样可以根据不同需求进行定制。

图1-28　软包锂离子电池

如今，在售新能源汽车配备的锂离子电池形状主要有圆柱形（特斯拉）和方形（比亚迪、吉利等）两种，这两种形状的电池在自身特点上存在一定的差异，车企需根据自身特点进行选取。

二、锂离子电池的工作原理

虽然锂离子电池种类繁多，但工作原理大致相同。目前锂离子电池常用磷酸铁锂和镍钴锰酸锂三元材料。锂离子电池主要依靠锂离子在正极和负极之间移动来工作。在充放电过程中，Li^+ 在两个电极之间往返嵌入和脱嵌，充电时，Li^+ 从正极脱嵌，经过电解质嵌入负极，负极处于富锂状态；放电时则相反，如图 1-29 所示。

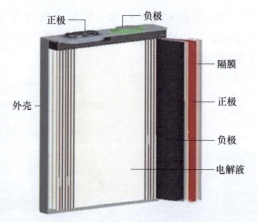

图 1-29　锂离子电池工作原理

以典型的液态锂离子电池为例，当以石墨为负极材料，以 $LiCoO_2$ 为正极材料时，其充电原理为：

正极反应式：$LiCoO_2 \rightarrow Li_{(1-x)}CoO_2 + xLi^+ + xe^-$（电子）

负极反应式：$6C + xLi^+ + xe^- \rightarrow Li_xC_6$

电池总反应式：$LiCoO_2 + 6C = Li_{(1-x)}CoO_2 + Li_xC_6$

放电时发生上述反应的逆反应。

充电时，Li^+ 从 $LiCoO_2$ 中脱嵌，释放一个电子，C^{3+} 被氧化为 C^{4+}，与此同时，Li^+ 经过隔膜和电解液迁移到负极石墨表面，进而插入石墨结构中，石墨结构同时得到一个电子，形成锂-碳层间化合物 Li_xC_6；放电时过程相反，Li^+ 从石墨结构脱插，嵌入正极 $LiCoO_2$ 中。

三、锂离子电池的结构

锂离子电池以碳素材料为负极，以含锂的化合物为正极，没有金属锂存在，只有锂离子。锂离子电池是指以锂离子嵌入化合物为正极材料电池的总称。锂离子电池的充放电过程，就是锂离子的脱嵌和嵌入过程。在锂离子的嵌入和脱嵌过程中，同时伴随着与锂离子等当量电子的嵌入和脱嵌（习惯上正极用嵌入或脱嵌表示，而负极用插入或脱插表示）。在充放电过程中，锂离子在正、负极之间往返嵌入、脱嵌和插入、脱插，被形象地称为"摇椅电池"。

如图 1-30 所示锂电池的结构由五部分组成：正极、负极、电解液、隔膜、外壳和电极引线。其中，正极、负极包含活性电极物质、导电剂、黏结剂等，均匀涂布于铜箔和铝箔集流体上。

图 1-30　锂离子电池的结构

（1）正极材料　活性材料、导电剂、溶剂、黏合剂、基体。在锂电池中，正极材料市场容量最大，附加值较高，约占锂电池成本的30%，毛利率低水平15%，高水平70%以上。目前，正极材料已批量应用于锂电池，采用锂化合物 $LiCoO_2$（钴酸锂）、$LiNiO_2$（镍酸锂）、$LiFePO_4$（磷酸铁锂）、$LiMn_2O_4$（锰酸锂）、$Li_4Ti_5O_{12}$（钛酸锂）、以及三元材料 $Li(NiCoMn)O_2$（镍钴锰酸锂），这些锂化合物材料是晶状体结构材料，正极材料结构如图1-31所示。

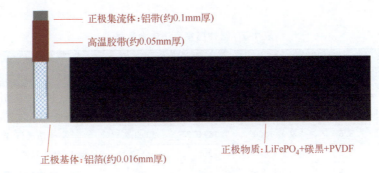

图1-31　正极材料结构

（2）负极材料　活性物质（石墨，MCMB，CMS）、黏合剂、溶剂和基体。负极材料在锂离子电池成本中占比较低，主要包括碳负极材料和非碳负极材料，负极材料结构如图1-32所示。

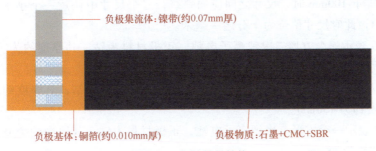

图1-32　负极材料结构

（3）隔膜　只允许锂离子 Li^+ 往返通过，阻止电子 e^- 通过，在正负极之间起到绝缘作用。锂离子电池中主要的隔膜材料产品包括单层 PP、PE、PP+陶瓷涂覆、PE+陶瓷涂覆、双层（PP/PP）和三层（PP/PE/PP）。

（4）电解液　锂电池电解液是电池中离子传输的载体。一般由锂盐和有机溶剂组成。电解液在锂电池正、负极之间起到传导离子的作用，是锂离子电池获得高电压、高比能等优点的保证。电解液一般由高纯度的有机溶剂、电解质锂盐、必要的添加剂等原料，在一定条件下、按一定比例配制而成的。

（5）电池外壳　分为钢外壳（方形很少使用）、铝外壳、镀镍铁壳（用于圆柱形电池）、铝塑膜（软包电池）等，电池盖也是电池的正负极引出端。

四、锂离子电池的规格型号

规定圆柱形和方形电池的规则如下：

1. 圆柱形锂离子电池规格型号（见表 1-5）

圆柱形锂电池，3 个字母后连 5 个数字。3 个字母，第一个字母 I 表示有内置的锂离子，L 表示锂金属或锂合金电极。第二个字母表示正极材料，C 表示钴，N 表示镍，M 表示锰，V 表示钒。第三个字母为 R 表示圆柱形。5 个数字，前 2 个数字表示直径，后 3 个数字表示高度，单位都为 mm。

如：特斯拉用的 18650 电池就是直径为 18mm，高度为 65mm，0 表示圆形的通用 18650 圆柱形电池。

表 1-5　圆柱形锂离子电池型号表

型号	标称电压（V）	标称容量（mAh）	直径（mm）	高度（mm）	应用领域
14500	3.7	800	14	50	仪器仪表、消费电子
18650	3.7	2000～3500	18±0.2	65±2.0	特种设备、医疗设备、机器人
18500	3.6	800～1500	18±0.2	50±0.2	安防通信、轨道交通
26650	3.2	3200～3500	26.2	65.0	动力/储能领域、机器人、应急后备
21700	3.6	3000～4800	21	70	数码设备、电动工具
32650（32700）	3.2	4500～6500	32.4±0.3	70.5±0.2	仪器仪表、后备电源、特种设备领域

2. 方形锂离子电池型号规格（见表 1-6）

方形电池，使用 6 个数字分别表示电池的厚度、宽度和高度，单位为毫米。三个尺寸任意一个大于或等于 100mm 时，尺寸之间应加斜线；三个尺寸中任意一个小于 1mm，应在此尺寸前加字母 t，此时尺寸单位为十分之一毫米。

ICP103450 表示一个方形二次锂离子电池，正极材料为钴，其厚度约为 10mm，宽度约为 34mm，高度约为 50mm。

ICPO8/34/150 表示一个方形二次锂离子电池，正极材料为钴，其厚度约为 8mm，宽度约为 34mm 高度约为 150mm。

ICPt73448 表示一个方形二次锂离子电池，正极材料为钴，其厚度约为 0.7mm，宽度约为 34mm，高度约为 48mm。

表 1-6　方形锂离子电池型号表

型号	尺寸			标称容量（mAh）	内阻（mΩ）	标称电压（V）
	厚度（±0.3mm）	宽度（±0.3mm）	高度（±0.5mm）			
35/78/131	3.5	78	131	4000	<40	3.7
34/63/110	3.4	63	110	2700	<40	3.7
38/45/120	3.8	45	120	2200	<40	3.7
366090	3.6	60	90	2000	<40	3.7
34/35/165	3.4	35	165	1800	<40	3.7
24/53/135	2.4	53	135	1400	<40	3.7
385085	3.8	50	85	1300	<60	3.7
344461	3.4	44	61	1200	<65	3.7

（续）

型号	尺寸			标称容量（mAh）	内阻（mΩ）	标称电压（V）
	厚度（±0.3mm）	宽度（±0.3mm）	高度（±0.5mm）			
255480	2.5	54	80	1150	<50	3.7
393278	3.9	32	78	1100	<65	3.7
305060	3	50	60	900	<40	3.7
383450	3.8	34	50	600	<70	3.7
383450	3.8	34	50	450	<80	3.7
233759	2.4	37	59	380	<80	3.7
392339	3.9	23	39	330	<80	3.7
302441	2.8	24	41	250	<100	3.7
251776	2.5	17	76	230	<120	3.7
302145	3	21	45	210	<150	3.7
222530	2.5	25	30	120	<180	3.7
321239	3.1	12	39	100	<200	3.7

五、锂离子电池工作特性及优点

1. 工作特性

（1）充放电特性　从安全、可靠及兼顾充电效率等方面考虑，锂离子电池通常采用两段式充电方法：第一阶段为恒流充电，第二阶段为恒压充电。锂离子电池充电的最高限压值根据正极材料不同有一定的差别。锂离子电池充放电特性曲线如图 1-33 所示，图中采用的充放电倍率均为 0.3C。

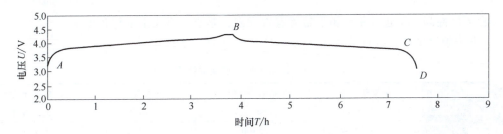

图 1-33　锂离子电池充放电特性

（2）安全性　锂离子电池在热冲击、过充电、过放电和短路等情况下，其内部的活性物及电解液等组分间将发生化学、电化学反应，产生大量的热量与气体，使得电池内部压力增大，可能导致电池着火，甚至爆炸。

（3）热特性　电池放电电流越大，正极处的温度上升越快，温度极值越高。在环境温度较高且电池大功率放电的情况下，必须采用散热措施，避免安全问题。充电倍率越大，电池温度上升越快，温度峰值也越大。

（4）锂离子电池出厂时的充电过程　锂离子电池出厂充电过程如图 1-34 所示，一开始缓慢充电，必须先充到 3.0V（这是第一次充电，使用锂离子电池放电终止电压一般都设置高于 3.0V)，然后以大电流恒流充电，但注意电池不能过热（超过材料的充电接受能力），充电电流越大，接受比率就越低，对电池的伤害就越大。

当电压充到某个数值以后切换成恒压充电，此时锂离子已经快转移完毕，极板的充电接受能力下降，充电电流会逐渐减小。当充电电流降低到某个数值以后，停止充电。

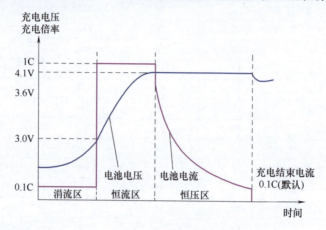

图 1-34　锂离子电池出厂充电过程

2. 锂离子电池的优点

1）负载电压高。钴酸锂的负载电压为 3.6V，锰酸锂的负载电压为 3.7V，磷酸铁锂的负载电压为 3.2V。

2）比能量高。理论比能量可达 200Wh/kg 以上，实际应用中也可达 140Wh/kg。

3）循环寿命长。深度放电循环次数可达 1000 次以上，低放电循环次数可达上万次。

4）自放电小。月自放电率仅为总容量的 5%~9%。

5）无记忆效应。

6）环保性高。不包含汞、铅、镉等有害元素，是真正意义上的绿色电池。

3. 各类锂离子电池的性能对比（表 1-7）

表 1-7　锂离子电池性能对比表

电池类型	钴酸锂电池	锰酸锂电池	三元锂电池	磷酸铁锂电池
电压（V）	3.6~3.7	3.6~3.7	3.6~3.7	3.2~3.3
比能量（Wh/kg）	>150	>100	>140	>70
循环寿命（次）	>600	>600	>600	>800
安全性	低	较高	较高	高
热稳定性	不稳定	较稳定	较稳定	稳定
原料成本	昂贵	较低	较低	低

六、锂离子电池的应用

目前，越来越多的混合动力汽车与纯电动汽车采用锂离子电池。由于锂离子电池能量密度高、循环寿命长和电池无记忆功能等特点，锂离子电池迅速占据了新能源汽车电池市场的绝大部分江山，且车企根据车型的定位不同而选用不同类型的锂离子电池以满足需求。

如今，在售新能源汽车配备的锂离子电池主要有磷酸铁锂电池、三元锂电池两种，这两种电池在自身特点上存在显著差异，性能对比如图 1-35 所示。

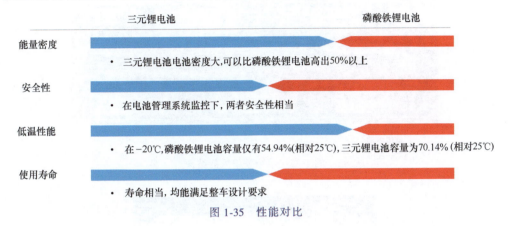

| 三元锂电池 | 磷酸铁锂电池 |

能量密度
- 三元锂电池电池密度大，可以比磷酸铁锂电池高出50%以上

安全性
- 在电池管理系统监控下，两者安全性相当

低温性能
- 在-20℃，磷酸铁锂电池容量仅有54.94%(相对25℃)，三元锂电池容量为70.14%(相对25℃)

使用寿命
- 寿命相当，均能满足整车设计要求

图 1-35　性能对比

1. 吉利帝豪 EV450 三元锂电池

吉利帝豪 EV450 使用宁德时代的三元锂电池，以钴酸锂、锰酸锂或镍酸锂等化合物为正极，可嵌入锂离子的碳材料为负极，使用有机电解质，拥有 52kWh 的容量，辅以 ITCS2.0 智能温控系统，保障电池寿命，动力电池总成安装在车体下部，其结构如图 1-36 所示。

电池高压分配单元

液冷系统

各模组总成

采集系统&电池控制单元

图 1-36　动力电池结构

电池模组：单体电池采用镍钴锰酸锂三元锂电池，单体标称电压为 3.65V，电池的负载电压范围是 3.0~4.2V。吉利帝豪 EV450 动力电池标称电压为 346V，电池包使用单体 153Ah 的单体电池串联成组，成组结构 1P95S，单个模组内部结构如图 1-37 所示。

2. 比亚迪 e5 磷酸铁锂电池

2017 年款比亚迪 e5，采用磷酸铁锂电池，电池铭牌如图 1-38 所示。整个动力电池由 12 个电池组串联，12 个 BIC、190 个单体电池。单体电压为 3.3V，电池包内部含有 2 个分压接触器、1 个正极接触器、1 个负极接触器、采样线束、电池模组连接片和连接电缆等。内部结构如图 1-39 所示。

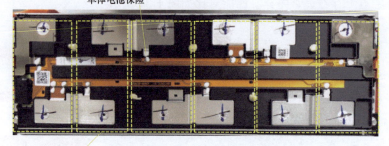

图 1-37 单个模组内部结构

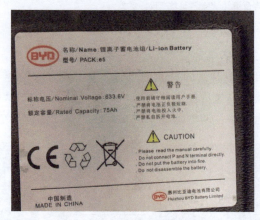

图 1-38 比亚迪 e5 电池铭牌

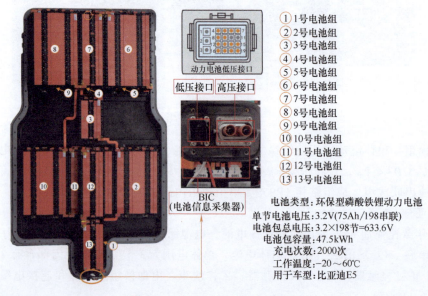

图 1-39 比亚迪 e5 电池内部结构

3. 比亚迪汉 EV 刀片电池

刀片电池从原理上来讲还是磷酸铁锂电池，只是在制造工艺上做了改进，其外形狭长类似"刀片"，故取名刀片电池，其结构如图 1-40 所示。比亚迪汉 EV 车型配备的刀片电池型号为 P20（汉 EV），集成动力电池及电池管理器，电池包结构如图 1-41 所示。

图 1-40　比亚迪刀片电池

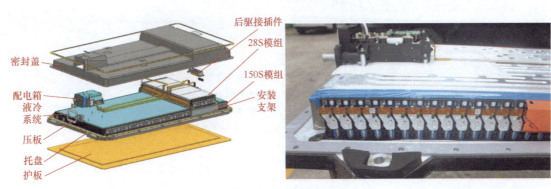

图 1-41　比亚迪汉电池包结构

电池模组：电池类型为磷酸铁锂，使用 HCE-2121010A 动力电池系统。单体电池标称电压为 3.2V，标称容量为 135Ah，充电量 76.9kW·h，电池电压为 569.6V。

▶▶▶ 任务实施

任务内容：锂电池更换

1. 任务准备

纯电动汽车动力电池组基本上都是采用锂电池，最常见的有三元锂电池和磷酸铁锂电池两种。动力电池组作为整车的车载电源，其充放电的频率非常高，电池组内部是由很多单体电池组成，单体电池性能的好坏直接影响到整个电池组的使用性能及使用寿命，在明确单体电池故障后可以采用更换单体电池的方法维修动力电池组。

锂离子电池
拆装更换

安全防护：做好电池包安全防护与隔离（警示安全带、绝缘垫等）。

工具准备：万用表、兆欧表、绝缘防护用品、任务工单等。

台架设备：动力电池组实训台架。

2. 安全注意事项

1）判断车辆是否安全。为保证工作人员的安全，需要确定车辆属于安全车辆。

2）遵守电动汽车的操作安全提示。

3）无压状态下切换高压系统。

4）确认组合仪表中高压系统已经退出工作。

5）穿戴绝缘保护用品。穿戴好绝缘手套、绝缘鞋，如果需要拆装高压用电设备，请使用专用绝缘工具。

3. 实施步骤

示 意 图	实 施 步 骤
	①实训工位及个人安全防护准备 检查绝缘垫、绝缘手套、安全帽、护目镜等 异常情况记录：＿＿＿＿＿＿＿＿＿ 完成情况：□完成 　　　　　□没完成，原因：＿＿＿＿
	②确认锂电池电池组故障现象，并关闭实训平台 故障现象记录：＿＿＿＿＿＿＿＿＿ 完成情况：□完成 　　　　　□没完成，原因：＿＿＿＿
	③电池组电压检测 电池组1： 电池组2： 电池组3： 电池组4： 异常情况记录：＿＿＿＿＿＿ 完成情况：□完成 　　　　　□没完成，原因：＿＿＿＿
	④检测单体电池电压，判断电池类型及性能 判断结果：＿＿＿＿＿＿（三元锂/磷酸铁锂/镍氢） 异常电池位置及电压记录： 位置：＿＿＿＿＿＿＿＿＿＿＿ 电压：＿＿＿＿＿＿V 完成情况：□完成 　　　　　□没完成，原因：＿＿＿＿

（续）

示　意　图	实　施　步　骤
	⑤更换单体电池 a. 拆卸电池组采样插头 b. 拆卸电池组连接铜排 c. 拆卸单体电池连接铜排 d. 拆卸单体电池 e. 更换单体电池 注意:拆卸过程中使用绝缘工具,注意高压安全防护 完成情况:□完成 　　　　　□没完成,原因:_____
	⑥检查确认电池组电压 更换安装完成后请检查确认电池组电压:_____ V 完成情况:□完成 　　　　　□没完成,原因:_____

（续）

示　意　图	实　施　步　骤
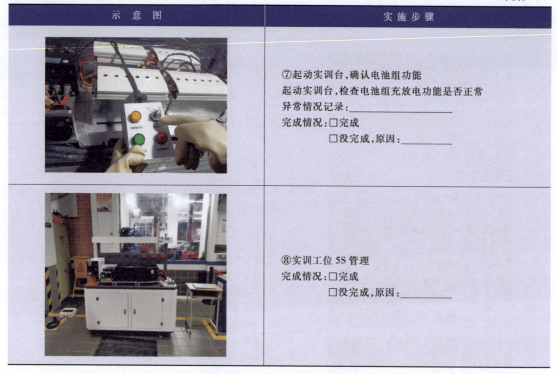	⑦起动实训台,确认电池组功能 起动实训台,检查电池组充放电功能是否正常 异常情况记录:_____ 完成情况:□完成 　　　　　□没完成,原因:_____
	⑧实训工位 5S 管理 完成情况:□完成 　　　　　□没完成,原因:_____

任务5　认知氢燃料电池与其他类型动力电池

▶▶ 任务引入

目前,市面上的新能源汽车绝大多数使用碱性和锂离子电池,这些电池已研发及商用多年,得到市场普及,但对于车企的未来发展,需在技术方面占领先机,正所谓"得动力电池者得整车",要不断进行新型电池的研发,满足未来市场的需求。例如我们常说的氢燃料电池,以及其他类型的动力电池等,都是新型动力电池。本任务主要进行氢燃料及其他类型动力电池的工作原理、应用车型等讲解。

▶▶ 任务目标

1. 了解氢燃料与其他类型动力电池的工作原理及结构。
2. 掌握氢燃料与其他类型动力电池在汽车上的应用。

▶▶ 知识链接

除了铅酸电池、镍氢电池、锂离子电池之外,还有多种动力电池因其在能量密度、功率密度、使用寿命或安全性等一个或几个方面的优良特性,目前正在某些电动汽车上进行应用或研究试验,这些电池或将成为未来应用的热点和重点。

认知氢燃料
电池与其他
类型动力电池

一、新型电池的类型

1. 燃料电池

被誉为改变未来世界十大新科技之首的燃料电池（Fuel Cells）,是一种新型高效的车辆动力和发电装置。近几年，燃料电池的研制、开发和商品化已取得了巨大突破，为汽车工业和电力工业的变革创造了条件。

燃料电池发展的高潮始于1959年第一个实用性系统（5kW，用于2T叉车）的开发成功。燃料电池是美国60年代首先使用于航天飞行器的一项尖端技术。1965年、1986年氢氧燃料电池相继成功地应用于"双子星座"和"阿波罗"登月飞行。70年代初，第一次中东石油危机爆发，欧美和日本等国制定了有关燃料电池的长期发展规划。近几年来，严峻的环境污染和自然能源的紧缺，进一步促进了燃料电池的研究热潮。燃料电池是一种将燃料的化学能直接转换成电能的装置，它由燃料、氧化剂、电极、电解液等组成。氢燃料电池的基本结构如图1-42所示。

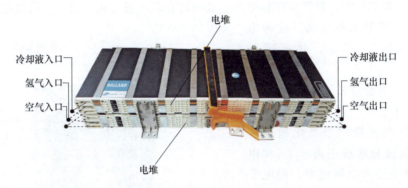

图1-42　氢燃料电池的基本结构

2. 超级电容电池

从1990年开始，世界各国开始成立专门机构开发和生产超级电容器。目前，在该技术领域中处于领先地位的国家有俄罗斯、日本、德国和美国，这些国家已把超级电容器项目作为国家重点研究和开发项目，并提出了近期和中长期发展计划。在超级电容器的实用性方面，俄罗斯走在世界的前列。

我国从20世纪90年代开始研制超级双电层电容器，与国外先进水平还有一定的差距。据有关资料表明，国内有些单位已经研制出比能量为10Wh/kg、比功率为600W/kg的高能量型及比能量为5Wh/kg、比功率为2500W/kg的高功率型超级电容器样品，循环使用次数可达50000次以上。

二、认知氢燃料电池

1. 氢燃料电池的概述

氢燃料电池属于燃料电池中的一种，它是将氢气和氧气的化学能直接转换成电能的发电装置，又称电化学发电器。它是继火电、水电、核电之后的第四种发电装置。基本原理是电解水的逆反应，把氢和氧分别供给阳极和阴极，氢通过阳极向外扩散，和电解质发生反应后，放出的电子通过外部的负载到达阴极。

由于燃料电池用燃料和氧气作为原料，无噪声且排放出的有害气体极少。从节约能源和保护生态环境的角度来看，燃料电池是最具有发展前途的技术。

燃料电池按电池结构和工作方式分为离子膜、培根型和石棉膜三类。

（1）离子膜燃料电池 用阳离子交换膜作电解质的酸性燃料电池，现代采用全氟磺酸膜。电池放电时，在氧电极处生成水，通过灯芯将水吸出。这种电池在常温下工作、结构紧凑、重量轻，但离子交换膜内阻较大，放电电流密度小。

（2）培根型燃料电池 属碱性电池。氢、氧电极都是双层多孔镍电极（内外层孔径不同），加铂作催化剂。电解液为80%～85%的氢氧化钾溶液，在室温下是固体，在电池工作温度（204～260℃）下为液体。这种电池能量利用率较高，但自耗电大，起动和停机需较长的时间（起动需24h，停机需17h）。

（3）石棉膜燃料电池 属碱性电池。氢电极由多孔镍片加铂、钯催化剂制成，氧电极是多孔银极片，两电极夹有含35%氢氧化钾溶液的石棉膜，再以有槽镍片紧压在两极板上作为集流器，构成气室，封装成单体电池。放电时在氢电极一边生成水，可以用循环氢的办法排出，亦可用静态排水法。这种电池的起动时间仅15min，并可瞬时停机。

2. 氢燃料电池的工作原理

氢燃料电池在工作时向负极供给燃料（氢），向正极供给氧化剂（空气）。氢在负极分解成正离子H^+和电子e^-，氢离子进入电解液中，而电子则沿外部电路移向正极，用电负载接在外部电路中。在正极上，空气中的氧同电解液中的氢离子和抵达正极的电子形成水。这正是水的电解反应的逆过程，这就是氢燃料电池原理，如图1-43所示。

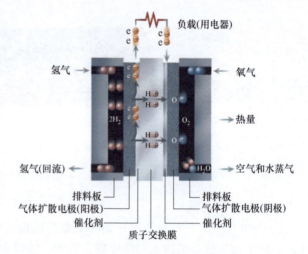

图1-43 氢燃料电池工作原理

（1）当氢燃料电池的电解液是KOH溶液（碱性电解质）时

负极的电极反应式为：$H_2+2e^-+2OH^-\rightarrow 2H_2O$

正极的电极反应式为：$O_2+H_2O+4e^-\rightarrow 4OH^-$

（2）当氢燃料电池的电解液是H_2SO_4溶液（酸性电解质）时

负极的电极反应式为：$H_2+2e^-\rightarrow 2H^+$

正极的电极反应式为：$O_2+4H^++4e^-\rightarrow 2H_2O$

（3）当氢燃料电池的电解液是NaCl溶液（中性电解质）时

负极的电极反应式为：$H_2+2e^-\rightarrow 2H^+$

正极的电极反应式为：$O_2+H_2O+4e^-\rightarrow 4OH^-$

氢氧燃料电池工作时，向氢电极供应氢气，同时向氧电极供应氧气。氢气、氧气在电极上的催化剂作用下，通过电解质生成水。这时氢电极上有多余的电子而带负电，在氧电极上由于缺少电子而带正电。接通电路后，这一反应过程就能连续进行。

3. 燃料电池系统的结构

（1）电堆 电堆作为氢燃料电池发动机的核心部件，是氢气与氧气发生化学反应产生电能的场所。电堆由双极板和膜电极两大部分组成，催化剂、质子交换膜和碳布或碳纸构成了膜电极。

（2）氢气供给循环系统　氢气供给循环系统由减压阀、电磁阀和氢气回流泵、氢气浓度传感器及管路组成。来自气瓶中的高压氢气经过减压阀后压力降低，通过电磁阀控制进入电堆。氢气回流泵将电堆反应后剩余的氢气回收并重新输入电堆中，提高氢气能源利用率。

（3）空气供给系统　空气供给系统包含空气滤清器、空压机（吹风机）、空气增湿器三个部件。

（4）水热管理系统　水热管理系统由水泵和水温传感器两大部件组成，和传统内燃机散热小循环系统类似。氢燃料电池发动机冷却液是由去离子水和乙二醇水溶液按照一定比例调和成的溶液。

（5）电控系统　氢燃料电池发动机的电控系统由发动机控制器（ECU）及各种传感器构成。

（6）数据采集系统　数据采集系统主要是指数据采集器。通过数据采集系统，可以时刻监控氢燃料电池发动机运行的各种参数及状态，如发动机地理位置、运行状态、各项传感器参数等，对各项参数进行数据分析处理，并针对参数异常情况实时报警、记录。

燃料电池系统结构如图1-44所示。

图1-44　燃料电池系统结构

4. 氢燃料电池的应用

氢燃料电池的应用主要围绕丰田Mirai氢燃料电池汽车展开介绍。Mirai是丰田首款量产的氢燃料电池汽车。正如其名，Mirai被丰田汽车视为"未来之车"，Mirai在行驶过程中不加油、不充电、不排放尾气，唯一排放的废物是纯净水。Mirai代表着未来，一个真正节能而环保的汽车。

丰田Mirai的主要部件如图1-45所示，由电机、燃料电池、储氢罐、储能电池等组成。

1.电机
位于车头的驱动电机最大功率113kW，峰值扭矩335N·m。

2.燃料电池
位于前排座椅下方的燃料电池是整车的电力来源，在这里氢气与氧气发生反应产生电能。其能量密度达到了3.1kW/L。

3.储氢罐
位于后排座椅下方的一对储氢罐采用碳纤维材质+凯夫拉(防弹衣面料)制造，最大可承受70MPa的压力。

4.储能电池
位于座椅后方的储能电池能够把燃料电池电堆产生的剩余电能以及制动动能回收产生的电能储存起来。

图1-45　丰田Mirai的主要部件

储氢罐中的氢气与车头吸入的氧气在燃料电池内发生反应，产生的电能驱动电机从而带动车辆，反应产生的剩余电能存入储能电池内，如图 1-46 所示。

图 1-46 Mirai 的工作原理

燃料电池及升压系统安装于前排座椅的下方，由 370 个单体电池组成，可以输出 114kW 的发电功率，由单体电池产生的电流驱动车辆。而升压系统能够将最终输出的电压升至 650V，满足电机的最大输出需求，如图 1-47 所示。

图 1-47 Mirai 的燃料电池及升压系统

两个储氢罐位于车身后部，其容积分别为 60L 和 62.4L，储气压力可达 70MPa。碳纤维+凯夫拉复合材质的储气罐甚至可以抵挡轻型枪械的攻击，如图 1-48 所示。

为了在承受 70MPa 气压的前提下仍能保持行驶安全性，储氢罐被设计成四层结构，铝合金的罐体内部衬有塑料内胆，外面包裹一层碳纤维增强塑料的保护层，保护层外侧再增加一层玻璃纤维材料的减振保护层，并且每一层的纤维纹路都根据所处罐身位置不同而做了额

1 内层采用高分子聚合物材料，与氢气接触不反应

2 中间层是高压气罐最重要的一层，采用"热塑性碳纤维增强塑料"

3 外层采用玻璃纤维

氢气加注口

高压储氢罐

图 1-48　高压储氢罐的安装位置

外的优化，使纤维顺着压力分布的方向，提升保护层的效果。储氢罐上装有止逆阀式的易熔塞泄压阀，即在车辆着火的情况下，易熔塞会受热熔化并强制性地排除氢气。车速在 80km/h 以下发生追尾不会对氢罐造成任何损伤，高压储氢罐的结构如图 1-49 所示。

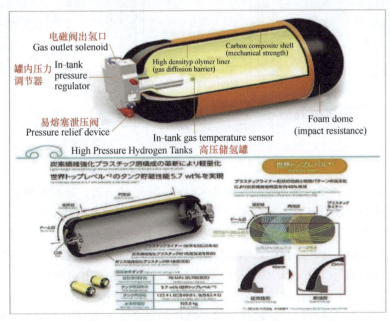

图 1-49　高压储氢罐的结构

三、认知超级电容电池

1. 超级电容电池概述

超级电容电池，又名电化学电容，是从 20 世纪 70～80 年代发展起来的通过极化电解质

超级电容电池

来储能的一种电化学元件。超级电容电池不同于传统的化学电源，是一种介于传统电容器与电池之间，具有特殊性能的电源，它主要依靠双电层和氧化还原准电容电荷储存电能。但在其储能的过程并不发生化学反应，这种储能过程是可逆的，也正因为此，超级电容电池可以反复充放电数十万次。

超级电容器从诞生到现在，已经历了三十多年的发展。目前，微型超级电容器已在小型机械设备上得到广泛应用，例如电脑内存系统、照相机、音频设备和间歇性用电的辅助设施。大尺寸的柱状超级电容器则多被用于汽车领域和自然能源采集上，可预见在未来市场上，超级电容器有着巨大的发展潜力。

根据超级电容电池储能机理的不同，可以分为以下两类：

（1）双电层电容器 将电导体浸没于电解液中，电导体和电解液之间便会产生一个绝缘层。这个绝缘层是自然产生的，对其施加电压后，正负电荷便排列在绝缘层的两边，这就形成了一个电容器。由于该绝缘层的内部可分为两层，因而叫做双电层。双电层会同时产生于正负极，利用界面双电层原理制造的电容器就称为双电层电容器，其结构如图 1-50 所示。

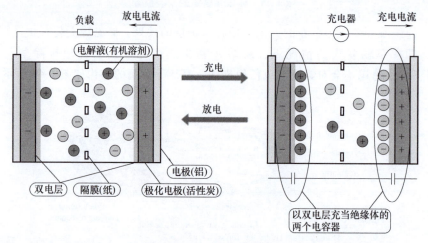

图 1-50　双电层电容器结构

（2）法拉第准电容器 其理论模型是由 Conway 首先提出的，是在电极表面和近表面或体相中的二维或准二维空间上，电活性物质进行欠电位沉积，发生高度可逆的化学吸脱附和氧化还原反应，产生与电极充电电位有关的电容。对于法拉第准电容器，其储存电荷的过程不仅包括双电层上的存储，而且包括电解液离子与电极活性物质发生的氧化还原反应。当电解液中的离子（如 H^+、OH^-、K^+ 或 Li^+）在外加电场的作用下由溶液中扩散到电极或溶液界面时，会通过界面上的氧化还原反应进入电极表面活性氧化物的体相中，从而使得大量的电荷被存储在电极中。放电时，这些进入氧化物中的离子又会通过以上氧化还原反应的逆反应重新返回到电解液中，同时所存储的电荷通过外电路而释放出来，这就是法拉第准电容器的充放电机理。

2. 超级电容电池的工作原理

（1）双电层电容器的工作原理 双电层电容器是利用电极材料与电解液之间形成的界面双电层来存储能量的一种新型储能元件。当电极材料与电解液接触时，由于界面间存在着分子间力、库仑力或者原子间力的相互作用，会在固液界面处出现界面双电层，是一种符号相反的、稳定的双层电荷。对于一个电极-溶液体系来说，体系会因电极的电子导电和电解质溶液的离子导电而在固液界面上形成双电层。当外加电场施加在两个电极上后，溶液中的阴、阳离子会在电场的作用下分别向正、负电极迁移，而在电极表面形成所谓的双电层；当外加电场撤离后，电极上具有正、负电荷与溶液中具有相反电荷的离子会互相吸引而使双电层变得更加稳定，这样就会在正、负极间产生稳定的电位差。

在体系中对于某一电极来说，会在电极表面一定距离内产生与电极上的电荷等量的异性离子电荷，使其保持电中性；当两极和外电源连接时，由于电极上的电荷迁移作用而在外电路中产生相应的电流，溶液中离子迁移到溶液中会呈现出电中性，这就是双电层电容器的充放电原理。

从理论上说，双电层中存在的离子浓度要大于溶液本体中的离子浓度，这些浓度较高的离子受到固相体系中异性电荷吸引的同时，还会有一个扩散回溶液本体浓度较低区域的趋势。电容器的这种储能过程是可逆的，因为它是通过将电解质溶液进行电化学极化实现的，整个过程并没有产生电化学反应。双电层电容器的工作原理如图1-51所示。

（2）法拉第准电容器的工作原理　法拉第准电容器是在双电层电容器后发展起来的，有人将其简称为准电容。这种电容的产生是因为电极活性物质在其表面或者体相中的二维或准二维空间上，进行了欠电位的沉积作用，发生了化学吸脱附或是氧化还原反应。

对法拉第准电容器来说，它的电荷储存过程包括双电层上的存储和由于氧化还原反应电解液中离子在电极活性物质中将电荷储存于电极中这两部分。在电极表面会发生法拉第准电容，这与双电层电容器电荷存储机制是完全不同的，其中一个原因是电荷存储是一个法拉第过程，另一个原因是准电容的出现还与其他因素有关，这些可能源于电极接受电荷的程度（Δq）和电势变化（ΔV）之间的热力学因素。

化学吸-脱附机制的过程一般为：电解液中的 H^+ 或 OH^- 离子（一般为这两种）会在外加电场的作用下，从溶液中迁移到电极材料表面，然后通过电极-电解液的界面电化学作用进入电极活性物质的体相中。当对其充电时，法拉第准电容器工作原理如图1-52所示。

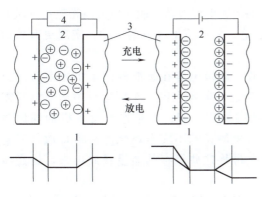

a) 无外加电源时电位　　b) 有外加电源时电位

图 1-51　双电层电容器工作原理图

1—双电层　2—电解液　3—极化电极　4—负载

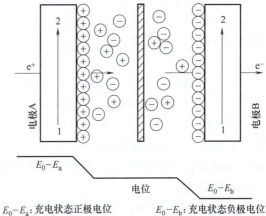

E_0-E_a：充电状态正极电位　　E_0-E_b：充电状态负极电位

图 1-52　法拉第准电容器工作原理图

3. 超级电容电池的应用

（1）超级电容器在太阳能能源系统中的应用　太阳能能源的利用最终归结为太阳能利用和太阳光利用两个方面。太阳能发电分为光伏发电和光热发电，其中光伏发电是利用光伏电容将太阳能直接转化为电能，光伏发电不论在转化效率、设备成本和发展前景上都远远强于光热发电。自从实用型多晶硅的光伏电容问世以来，世界上就开始了太阳能光伏发电的应用。

目前，太阳能光伏发电系统有三个发展方向：独立运行、并网型和混合型光伏发电系统。在独立运行系统中，储能单元一般是必须有的，它能将由日照时产生的剩余电能储存起来供日照不足或没有日照时使用。目前，国际光伏能源产业的需求开始由边远农村和特殊应用向并网发电与建筑结合供电的方向发展，光伏发电已由补充能源向替代能源过渡。国内光伏能源系统仍主要是用在边远的无电地区和城市路灯、草坪灯、庭院灯、广告牌等独立光伏发电系统。通过蓄电池组构成的储能系统，能够熨平太阳光照强度波动导致的电能波动，还可以补偿电网系统中的电压骤降或突升，但是由于其充放电次数有限、大电流充放电时间较慢等因素，其使用寿命较短，成本较高。因此，在太阳能光伏发电系统中采用超级电容器组将使其并网发电更具可行性。

（2）超级电容器在风力发电系统中的应用　作为新兴储能元件，超级电容器具有循环寿命长、充放时间快、适应温度范围广、体积小容量大、可焊接、维护简单等特点，在风力发电机狭小的、密闭的、有限空间轮毂控制柜内，超级电容器不会因为过充电、过放电影响寿命，充放电过程仅仅是物理层面上的变化，不会对常年密闭空间作业的轮毂内部造成二次污染，超级电容器可保持稳定的直流电压，保证伺服电机的正常运作。

目前，风电有功功率波动多采用直接调节风力涡轮机运行状态的方法来平缓其输出功率，但是该方法的功率调节能力有限；无功功率波动通常采用并联静止无功补偿装置进行无功调节，但无功补偿装置无法平抑有功功率波动。通过附加储能设备，既可以调节无功功率、稳定风电场母线电压，又能在较宽范围内调节有功功率。风力发电研究表明位于 $0.01 \sim 1Hz$ 的波动功率对电网电能质量的影响最大，平抑该频段的风电波动对电网电能质量的影响最大，平抑该频段风电波动采用较短时间的能量储存就可以达到目的，因此能够实现短时能量存储的小容量储能设备对风力发电的应用价值很高。超级电容器因其具有数万次以上的充放电循环寿命、大电流充放电特性，能够适应风能的大电流波动，能在白天阳光充足或风力强劲的条件下吸收能量，在夜晚或风力较弱时放电，从而熨平风电的波动，实现更有效的并网。

（3）超级电容器在新能源汽车发展中的机遇　超级电容在新能源汽车中主要有三类应用：一是作为动力设备，如上海 11 路公交即为超级电容大巴，车辆运行中途充电只需 30s，一次充电可行驶 5~8km，既节能环保又兼顾城市景观；二是作为发动机的辅助驱动，在汽车快速起动时提供较大的驱动电流，减少油耗和不完全燃烧的污染排放；三是对制动能量进行回收利用，当汽车需要加速时，再将这些储存的能量释放出来，提高能源的使用效率。

在新能源汽车领域，超级电容器可与二次电池配合使用，实现储能并保护电池。通常超级电容器与锂离子电池配合使用，二者的完美结合形成了性能稳定、节能环保的汽车动力电池，可用于混合动力汽车及纯电动汽车。锂离子电池解决了汽车充电储能和为汽车提供持久动力的问题，超级电容器的使命则是为汽车起动、加速时提供大功率辅助动力，在汽车制动或怠速运行时收集并储存能量。超级电容器在汽车减速、下坡、刹车时可快速回收并存储能量，将汽车在运行时产生的多余的不规则的动力安全转化为电池的充电能源，保证电池的安全稳定运行；汽车起动或加速时，先由电池将能量转移入超级电容器，超级电容器可在短时间内提供所需的峰值能量。

≫ 任务实施

任务内容：氢燃料电池数据检测

1. 任务准备

氢燃料电池利用氢气与氧气反应产生电能。氧气是源源不断的，但氢气需要制作后才能使用；本实训通过操作电解水制氢，利用电堆使氢气氧气结合，最后反应产生相应的电压。完成一系列实训后，能很好理解氢燃料电池的组成与工作原理。

安全防护：做好氢燃料电池安全防护与隔离（警示安全带、绝缘垫等）。

工具准备：万用表、绝缘防护用品、任务工单等。

台架设备：氢燃料电池工作原理实训台。

2. 安全注意事项

1）判断车辆是否安全。为保证工作人员的安全，需要确定车辆属于安全车辆。

2）遵守电动汽车的操作安全提示。

3）无压状态下切换高压系统。

4）确认组合仪表中高压系统已经退出工作。

5）穿戴绝缘保护用品。穿戴好绝缘手套、绝缘鞋，如果需要拆装高压用电设备，请使用专用绝缘工具。

3. 实施步骤

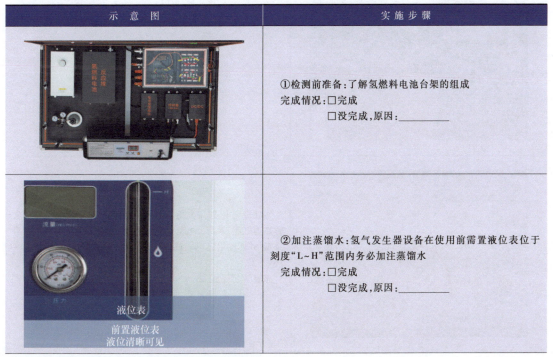

示　意　图	实　施　步　骤
	①检测前准备：了解氢燃料电池台架的组成 完成情况：□完成 　　　　　□没完成,原因：_____
	②加注蒸馏水：氢气发生器设备在使用前需置液位表位于刻度"L~H"范围内务必加注蒸馏水 完成情况：□完成 　　　　　□没完成,原因：_____

（续）

示　意　图	实　施　步　骤
	②加注蒸馏水：氢气发生器设备在使用前需置液位表位于刻度"L~H"范围内务必加注蒸馏水 完成情况：□完成 　　　　　□没完成，原因：_____
 	③制作氢气：旋钮氢气发生器电源开关，等待发生器的气压表达到 0.25MPa 时，缓慢旋转储氢罐气压阀开启，氢燃料电池反应堆工作运行 完成情况：□完成 　　　　　□没完成，原因：_____
	④反应充电：按下充电开关，通过氢燃料电池反应堆将氢气转换为电能，对动力电池箱充电，可通过电压表与电流表查看数据，并能使用万用表进行电压检测（标准发电电压：DC 0~16V） 完成情况：□完成 　　　　　□没完成，原因：_____

（续）

示　意　图	实　施　步　骤
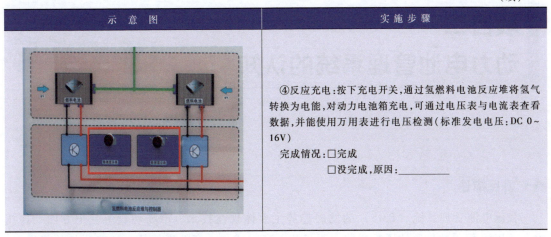	④反应充电:按下充电开关,通过氢燃料电池反应堆将氢气转换为电能,对动力电池箱充电,可通过电压表与电流表查看数据,并能使用万用表进行电压检测(标准发电电压:DC 0~16V) 完成情况:□完成 　　　　　□没完成,原因:_____

项目二
动力电池管理系统的认知

➡ 项目描述

我国电池管理系统（BMS）的发展趋势主要体现在技术、市场和竞争三个方面。在技术上，BMS 相关软件算法不断优化，逐步朝着高集成化、高精度估算、智能化的趋势发展；在市场上，BMS 需求量将随着新能源汽车市场提升而增大，储能 BMS 市场需求随着产业发展也有待进一步释放；在竞争上，随着电池管理系统企业数量越来越多以及技术要求的升级，新能源汽车行业或面临着新一轮变革。本项目主要介绍新能源汽车动力电池管理系统的工作原理、动力电池管理系统功能及特点等。

通过对本项目的学习，能够了解动力电池管理系统的主要类型，熟悉其工作原理，掌握其外部结构，为新能源汽车维护和保养奠定基础。

📖 项目目标

1. 能叙述动力电池组的成组特点。
2. 能叙述动力电池管理系统的功能。
3. 能分析动力电池的冷却及加热过程。

任务 1 　动力电池成组技术

≫ 任务引入

一辆纯电动汽车，客户反映车辆无法行驶，经维修人员检查发现，仪表上动力电池故障灯、MIL 灯点亮，并且一级报警音提示驾驶员尽快离开车辆，读取故障码显示"P118312 电池内部短路"故障。现在车间主管安排你完成此任务，你应该如何处理呢？

≫ 任务目标

1. 能叙述动力电池组的结构组成。
2. 能叙述动力电池组的成组特点。
3. 能指出动力电池的部件安装位置。

≫ 知识链接

一、新能源汽车动力电池成组技术发展过程

不管新能源汽车动力电池成组技术怎样发展，优化电池包整体性能都是通过物理手段或

化学手段。物理手段指的是通过各种工程学上的优化，提升电池包内部空间布局的合理性，把尽可能多的空间留给电池。化学手段指的是通过调整电池内部化学物质的配比和原理，提升电池容量、放电量及电池安全性能等，从而寻找更有优势的电池方案。

电池成组技术的发展过程可分为 3 个阶段。

第一代电池包，是异形电池包，采用标准模块，但是成组效率比较低。异形电池包如图 2-1 所示。

认识比亚迪
动力电池组

图 2-1　异形电池包

第二代电池包，也是异形电池包，为了提高成组效率，选择了和电池结构匹配的非标准模块，成组效率明显提升，以上两种电池包都是用于基于传统乘用车平台改造设计的电动汽车。

第三代电池包，分别应用了刀片电池技术（图 2-2）、590 标准大模块技术（图 2-3）和无模块技术（CTP），大多应用于纯电动车平台，这三种不同的发展趋势，有一个共同点，即都是平板的电池包，成组效率再次明显提升。

采用模块设计，一方面是为了便于运输和维修，在车辆遇到问题的时候无须整体更换，只需要把问题模块电池换掉即可；另一方面是为了安全，在模块之间可以布置更多的加强筋等，给单体电池多一层保护。

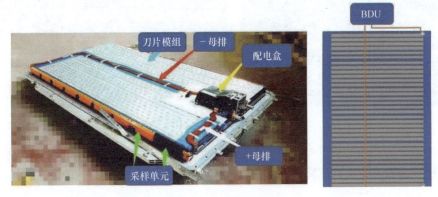

图 2-2　刀片电池技术

比亚迪"刀片电池"通过结构创新，在成组时可以跳过"模组"，大幅提高了体积利用率，最终达成在同样的空间内装入更多单体电池的目标。相较传统电池包，"刀片电池"的体积利用率提升了 50% 以上，也就是说续驶里程可提升 50% 以上，达到了高能量密度三元锂电池的同等水平。"刀片电池"的设计使得它在短路时产热少、散热快，并且在"针刺试验"中的表现"非常优异"。

从国内发展历程来看，最初受产业补贴政策刺激，一大批新能源电动车是由传统燃油车改造而来，其底盘装载的电池空间各不相同，这导致需求的电池模组尺寸各不相同。随着德国汽车工业协会推出电池 VDA 标准尺寸，大众研发推出 VDA 标准 355 模组，

图 2-3　590 标准大模块技术

电池模组尺寸问题逐渐露出解决的希望。基于 355 模组，后来发展到 390 模组和 590 模组。

590 模组是大众基于纯电动汽车 MEB 平台开发推出的。有些车企根据自身情况和对应电池企业合作，认为 590 模组尺寸大，做成电池包在其车型上空间利用率更高，成组效率更高，系统能量密度更大。590 标准模组的长度是 590mm，其所用的软包单体电池长度一般在 550mm，宽度 100mm，高度 10mm 左右，这种单体电池尺寸相对较大，需要的制造工艺，锂电设备的精细化、智能化水平较高，制造难度大很多。不管 355、390 模组，还是 590 模组，它们的应用都是建立在平台的基础上，通过标准化生产来节约成本。

无模块技术（CTP）其实是 Cell to Pack 的缩写。在去除模块这一层的情况下，直接把单体电池布局在电池包中，并不影响整车的技术指标，无模块技术在基本结构上改变了之前乘用车电池的布局原理，如图 2-4 所示。CTP 的好处可以分为三方面：一是容量，减少了模块的外壳以及各种附加走线，同样体积的电池包能够多出来 15%~20% 的体积来盛放单体电池；二是可靠性，去除不必要的组件后，零部件的整体数量可以减少 40%；三是价格便宜，制造工序少，制造成本低。

图 2-4　CTP 技术

动力电池生产商通过提升单体电池容量、模组结构迭代和电池包结构设计，来推动锂电池包能量密度提升和制造成本降低。

二、动力电池包的成组

1. 单体电池

在当前主流的电池包结构中，新能源汽车动力电池包主要由单体电池→电池模组→电池

包三个层级构成。单体电池是直接将化学能转化为电能的基本单元装置，是构成动力电池的最小单元。

（1）单体电池的串联特性　以 N 个 32650 电池串联为例，单体电池的基本参数：型号 32650，电压 3.2V，容量 5Ah，能量 16Wh。单体电池的串联如图 2-5 所示。

总电压为 N 个单体电池电压之和：$V_总 = 3.2\text{ V} \times N$

串联时电流不变，总容量也保持不变，即总容量为单个电池容量：$Q_总 = 5\text{Ah}$

总能量为 N 个电池能量之和：$W_总 = 16\text{Wh} \times N$

（2）单体电池的并联特性　以 N 个 32650 电池并联为例，单体电池的基本参数：型号 32650，电压 3.2V，容量 5Ah，能量 16Wh，单体电池的并联如图 2-6 所示。

电池的串并联特性-1

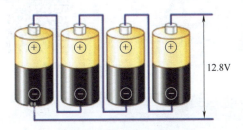

图 2-5　单体电池的串联

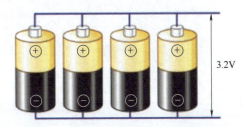

图 2-6　单体电池的并联

并联时总电压为单个电池电压：$V_总 = 3.2\text{V}$

并联时电流叠加，总容量为 N 个单体电池容量之和：$Q_总 = 5\text{Ah} \times N$

总能量为 N 个电池能量之和：$W_总 = 16\text{Wh} \times N$

总之，无论是 N 个电池串联还是 N 个电池并联所构成的电池模组，其性能特性可总结为：

电池的串并联特性-2

总电压为 N 个串联单体电池电压之和，总容量为 N 个并联单体电池容量之和，总能量不管串联还是并联都等于所有单体电池能量之和。

（3）动力蓄电池成组技术组成机构　在纯电动汽车和插电式混合动力电动汽车中，单体电池难以满足电压需求，需要将若干个单体电池通过串并联的方式组成模组，再将若干个模组通过串并联的方式组合成蓄电池包，蓄电池成组技术如图 2-7 所示。串联可以增加电压，但是容量不变；并联可以增加容量，但是电压不变。

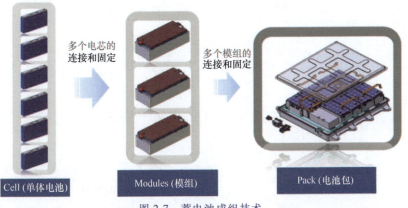

图 2-7　蓄电池成组技术

蓄电池的连接方式通常用××P ××S 表示。例如：3P91S 表示由 3 个单体电池并联成一组，共有 91 组串联在一起；1P100S，表示共由 100 个单体电池串联而成。

北汽 EV160 纯电动汽车的电池包组成方式是 1P100S，即将 100 个磷酸铁锂单体电池串联在一起，组成了车辆的动力蓄电池组，如图 2-8 所示；北汽 EV200 纯电动汽车的电池包组成方式是 3P91S，即该电池包是由 3 个三元锂单体电池并联组成一个模块，再用 91 个这样的模块串联成一个整体，构成了动力蓄电池组。

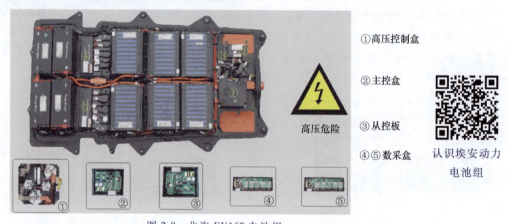

①高压控制盒

②主控盒

③从控板

④⑤数采盒

高压危险

认识埃安动力
电池组

图 2-8　北汽 EV160 电池组

2. 动力电池模组

（1）动力电池模组概念　将一个以上单体电池按照串联、并联或混联方式组合，只有一对正负极输出端子，并作为电源使用的组合体称为电池模块。电池模块安装于电池包中，其物理结构可以对单体电池起到支撑、固定和保护作用，方便对单体电池的机械强度、电性能、热性能和故障处理等方面进行有效管理。电池模块典型的连接方式有先并联后串联、先串联后并联，如图 2-9 所示。

先并联后串联：由于内阻差异、散热不均等都会影响并联后电池的循环寿命。单个电池失效自动退出，除了容量降低，不影响使用，并联工艺较严格，如图 2-9a 所示。并联中某个单体电池短路时，造成并联电路电流非常大，通常增加熔断保护技术。

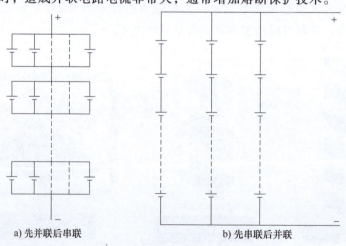

a) 先并联后串联　　　　　　　　　　b) 先串联后并联

图 2-9　电池模组典型的连接方式

先串联后并联：根据整组电池容量先进行串联，如整组容量 1/3，最后进行并联，降低了大容量电池组故障概率，如图 2-9b 所示。

（2）电池拓扑结构特点　从电池组连接的可靠性、电池电压不一致性和电池组性能影响的角度分析，先并联后串联连接方式优于先串联后并联连接方式，但先串联后并联的电池拓扑结构有利于系统对各个单体电池进行检测和管理。

并联及串联的电池要求种类、型号一致，容量、内阻、电压值差异不大于 2%。一般情况下，电池通过并联串联组合后，容量损失 2%~5%，电池数量越多，容量损失越多。不管是软包电池还是圆柱形电池，都需要多串联组合，如果一致性差，影响电池容量，一组中容量最低的电池决定整组电池的容量。

（3）动力电池模组的固定　电池的成组方式要充分考虑散热、轻量化及自适应电池在充放电过程中膨胀的需求，一般采用两侧铝制短板加弹性钢带捆扎的方式，如图 2-10 所示。

（4）动力电池模组信号采集　帝豪 EV450 车型动力电池模组信号采集部分采用柔性电路板，相对于传统采样线束的方案，柔性电路板集成度更高，更轻薄，如图 2-11 所示。柔性电路板上有细丝状的布线，我们称之为采样熔断线，它的作用是在碰撞时采

图 2-10　动力电池模组固定

样线束可能会因挤压而造成短路，进而引起采样线起火，这些细丝便会在采样线束短路时发生熔断并切断短路回路，确保整个线束的安全和电池模组的安全。

（5）动力电池模组汇流排　动力电池模组常用的汇流排有：镍片、铜铝复合汇流排、铜汇流排、铝汇流排。动力电池模组连接片多采用多层材料复合的方法，其中一层材料为连接片与极柱的连接层，保证焊接性能，多层材料叠加用于保证连接片的导电性。

高压电器的连接是整个电池包组装中最核心的部分，必须保证主回路连接的可靠性和低内阻，一般采用铜汇流排而非铝汇流排，如图 2-12 所示。这是因为铝汇流排的硬度较低，在高温、高应力的情况下，铝会发生塌缩，并且塌缩之后不易回弹，一热一冷就会导致缝隙加大，接触电阻上升，带来安全隐患。铜汇流排还设计了很多立体弯折，在受到振动或受热膨胀时，这些弯折会吸收长度的变化，避免将载荷转移到连接螺钉上。

图 2-11　帝豪 EV450 车型电池模组信号采集

图 2-12　动力电池主回路铜汇流排连接

3. 动力电池包

（1）动力电池模组之间的焊接 动力电池包由若干电池模组串联而成，帝豪 EV450 动力电池包由 17 个电池模组串联组成，如图 2-13 所示，1P6S 模组共 10 个，1P5S 模组共 7 个，电池包容量为 150Ah，标称电压为 346V。

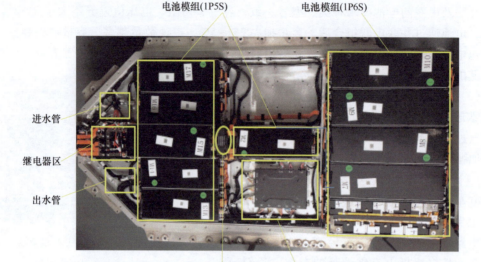

图 2-13　帝豪 EV450 动力电池包组成

动力电池模组内单体电池之间的连接要能承受颠簸路面的振动冲击，通常采用激光焊接或超声波焊接，焊接的可靠性较好，但不易更换。

激光焊接是利用高能量密度的激光束作为热源的一种高效精密焊接方法，通过控制激光脉冲的宽度、能量、峰值功率和重复频率等参数，使工件熔化，形成特定的熔池，在每一个电池极柱和极柱之间，用激光把铝制汇流排和极柱焊接在一起，保证可靠性。

在汇流排上设计的凹陷是用来吸收机械振动以及电击膨胀带来的应力，如图 2-14 所示。

（2）动力电池包的组成 动力电池包是能量存储装置，包括单体或模组，通常还包括动力电池电子部件、高压电路、过流保护装置及其他外部系统的接口（如冷却、高压、辅助低压和通讯等），对于高于直流 60V 的动力电池包，还包括手动切断功能，所有部件都应该被安装在常用防撞动力电池箱内，如图 2-15 所示。

动力电池包的技术参数

动力电池系统标称电压=单体电池标称电压×单体电池串联数量

动力电池系统容量=单体电池容量×单体

图 2-14　动力电池模组之间的焊接

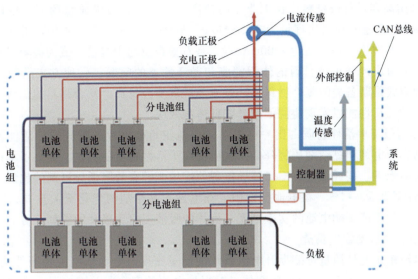

图 2-15　动力电池包的组成

电池并联数量

动力电池系统总能量＝动力电池系统标称电压×动力电池系统容量

动力电池系统质量比能量＝动力电池系统总能量÷动力电池系统质量

三、新能源汽车动力电池包的轻量化设计

目前，电动汽车使用的电池大多数是锂离子电池，过重的电池系统使电动汽车的续驶里程与传统燃油汽车相比明显不足。有数据表明，电动汽车质量减 10% 能提高续驶里程 5.5%。因此，寻找高比能量电池系统是目前研究的主要方向，也是实现电动汽车轻量化的主要途径。实现电池系统轻量化可从三种途径展开，即提高单体电池的能量密度、减轻电池系统配件质量、优化电池系统设计。

1. 提高单体电池的能量密度

（1）采用高容量正极材料　动力电池正极材料的容量和电压是限制电池能量密度最主要的因素，正极材料的质量占到单体电池质量的 40%～45%，采用高负载电压和高容量的正极材料能够显著提升电池的能量密度。

三元镍钴锰酸锂（NMC）材料可通过调配镍、钴、锰三者的比例，获得不同材料特性，目前三元锂电池主要应用是 NMC811。一般来说三元材料中含镍比例越高，单位质量所贡献的能量越多，制备的电池能量密度越高，但是电池的循环性能和稳定性有所下降。

镍钴铝酸锂（NCA）是另一种高镍三元材料，高含量的镍元素使得镍钴铝酸锂比容量较高，是最具发展前景的高能量密度锂离子电池正极材料之一。镍钴铝酸锂的结构类似于三元锂 NMC811 体系，但掺铝后材料的稳定性和循环性能更好。虽然镍钴铝酸锂电池有优越的电池性能，但是生产技术门槛高。镍钴铝酸锂材料在制备技术上难度较大、材料生产成本高、生产设备要求特殊及电池设计和制造难度较高，国内目前只有少数厂家进行小批量生产。

（2）采用高容量负极材料　在工业化的锂离子电池中，负极质量约占到单体电池质量的 15%~20%。石墨的理论比容量为 372mAh/g，是常用负极材料，对电池能量密度的提高有限。硅负极的理论比容量高达 4200mAh/g，是石墨容量的十多倍，成为高容量负极材料开发的热点。为解决纯硅负极材料的体积膨胀和循环性差的问题，一种方式是制备纳米硅材料，另一种方式是制备硅的复合材料，硅碳或者硅氧复合材料。复合材料的优势在于各组分间发挥各自的优良性能以实现协同效应，降低体积效应。

（3）提高极片中活性物质占比　一般单体电池正负极极片的组分包括活性物质，导电剂和黏结剂。导电剂和黏结剂比例降低，从而提高了活性物质的占比，提高了单体电池的能量。目前碳纳米管、碳纤维、石墨烯等导电剂的应用能够有效降低导电剂的比例，从传统的 3%~4% 降低至 0.5%~1%。在电池设计中，导电剂和黏结剂的优化至关重要，既要提高活性物质占比，又不能影响电池的功率密度、极片的吸液能力、极片的柔韧性等。

2. 减轻电池系统配件质量

减轻电池系统配件质量也能提升电池系统的能量密度。电池系统主要配件是电池箱体，它是电动汽车的“心脏”，是电池的载体，对保护电池的安全起关键作用。在减轻电池箱体质量的过程中，可选取高强度、低密度性能的材料，即可保证其基本的物化性能，同时也降低了其质量，这样才能进行实际应用。

（1）高强度钢　高强度钢是指屈服强度介于 210~550MPa 的钢材，而屈服强度超过 550MPa 的钢材称为超高强度钢。在相同情况下，使用高强度钢可有效减薄零件厚度来实现轻量化。目前，电动汽车电池箱体主要采用 Q235 钢板。特斯拉 Model 3 车身底部的电池包基本被超高强度钢包围，一方面保证车身结构的稳定性；另一方面保护电池组的安全，同时取消了专程用来保护电池包的结构，从而达到结构减重的目的。

（2）铝合金　铝合金密度低，强度较高，冲击性好，塑形性好，耐腐蚀性好，易回收，可加工成各种型材，工业上广泛使用，使用量仅次于钢。但是铝合金的焊接工艺较差，材料价格较高，是钢材价格的三倍左右。因此，通过改善铝合金成型工艺和降低材料成本可促进电池箱体轻量化的发展。

（3）复合材料　复合材料是指由两种或两种以上的材料组合成的新材料，融合了每种材料的优势，具有质量轻，强度和弹性模量大，耐腐蚀和耐磨等优点，在某些领域逐渐取代金属合金。

复合材料按结构特点可分为夹层复合材料和纤维增强复合材料，其中应用最广的是纤维增强复合材料，例如碳纤维与环氧树脂复合材料，复合材料和一般钢件相比质量减少 50% 以上，和铝合金相比质量减少 30% 以上，这对于电池箱体质量的轻量化有较为明显的效果。

3. 优化电池系统设计

通过对电池系统配件结构的合理设计，减少材料的使用，在配件安全性能不变的情况下达到轻量化目的，如配件中空化，复合化，薄壁化等，还可通过单体电池尺寸设计和电池的重新排布等使电池箱体在体积不变的情况下放置更多数量的电池，提高电池系统能量密度。例如，大部分特斯拉 Model S 车型的电池包分为 16 个模块，而 Model 3 长续航版的电池包则只有 4 个模块。更少的模块意味着更少的电池包内部隔断、电池组 BMS、线束和散热管路接口，可以从电气部分和结构两个方面减重。

>>> 任务实施

任务内容：动力电池组的结构认知

1. 任务准备

1）安全防护装备：绝缘手套、安全警示标识、绝缘垫、绝缘工具。

2）车辆、台架：北汽新能源、比亚迪 e5 和 e6、吉利新能源动力电池、比亚迪秦 Pro。

3）专用工具：万用表、绝缘拆装工具、电池专用举升机、绝缘电阻检测仪。

2. 安全注意事项

1）判断车辆是否安全。为保证工作人员的安全，需要确定车辆属于安全车辆。

2）遵守电动汽车的操作安全提示。

3）无压状态下切换高压系统。

4）确认组合仪表中高压系统已经退出工作。

5）穿戴绝缘保护用品。穿戴好绝缘手套、绝缘鞋，如果需要拆装高压用电设备，应使用专用绝缘工具。

3. 实施步骤

示 意 图	实 施 步 骤
	①检查绝缘手套的密封情况,确保手套干燥、无破损且大小合适 、耐压符合要求 具体步骤： a. 将绝缘手套从袖口处向指尖方向对折卷起 b. 检查绝缘手套是否漏气 完成情况:□完成 　　　　□未完成,原因:_____
	②测量动力电池单体电池电压 具体步骤： a. 选择万用表 20V 直流电压档位 b. 红表笔对单体电池的正极,黑标笔对单体电池的负极,测量动力电池单体电池电压,数据显示为_____ V 完成情况:□完成 　　　　□未完成,原因:_____
	③测量动力电池模组电压 具体步骤： a. 选择万用表 200V 直流电压档位 b. 红表笔对单体电池的正极,黑表笔对单体电池的负极,测量动力电池模组电压,数据显示为_____ V 注:动力电池模组的标称电压=单体电池标称电压×单体电池串联个数 完成情况:□完成 　　　　□未完成,原因:_____

（续）

示 意 图	实 施 步 骤
 红表笔连接动力电池正极电缆 黑表笔连接动力电池负极电缆	④确认单个电池模组的组成形式 具体步骤： 查看模组单体电池之间的串并联关系 组成形式是：_____ P _____ S ⑤测量动力电池包总电压 具体步骤： a. 选择万用表1000V直流电压档位 b. 红表笔对单体电池的正极，黑标笔对单体电池的负极，测量动力电池包总电压，数据显示为_____ V 注： a. 必须单手测量 b. 动力电池包的标称电压＝动力电池模组电压×动力电池模组 完成情况：□完成 □未完成，原因：_____
	⑥完成电池包的模组连接关系图 电池包的总构成形式是：_____ P _____ S 完成情况：□完成 □未完成，原因：_____

任务2 认知动力电池管理系统

》》 任务引入

一辆纯电动汽车，仪表上的动力电池故障灯常亮，读取故障码显示"P118522单体电池电压不均衡故障"。现在车间主管安排你完成此任务，你应该如何检修呢？

》》 任务目标

1. 能认识动力电池管理系统的组成。
2. 能叙述动力电池管理系统的功能。
3. 能叙述动力电池管理系统的高压控制原理。
4. 能叙述动力电池常见的故障类型。

认识动力电池管理系统

>>> 知识链接

一、动力电池管理系统结构组成

动力电池管理系统，英文名称 Battery Management System，简称 BMS。按结构性质可分为硬件和软件，其中硬件包括主控盒、从控盒和高压盒等，还包括采集电压、电流、温度等数据的电子器件；软件包括底层软件和应用层软件，可以用来监测电池的电压、电流、SOC 值、绝缘电阻值、温度值，并通过与 VCU、充电机的通信，控制动力电池系统的充放电。帝豪 EV300 BMS 结构图如图 2-16 所示。

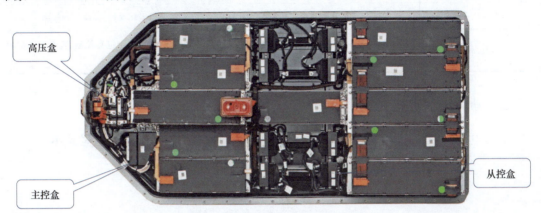

图 2-16　帝豪 EV300 BMS 结构图

目前，很多车型的动力电池包已经将主控盒和从控盒集成在一起，形成集中管理，帝豪 EV450 BMS 结构图如图 2-17 所示。

图 2-17　帝豪 EV450 BMS 结构图

BMS 各个部件的作用见表 2-1。

表 2-1　BMS 各个部件的作用

部　件	作　用
主控盒	接受 VCU 的指令，根据高压回路绝缘状况，控制正负母线接触器开闭，决定整车安全上下电；接收从控盒采集的电池电压、电池温度以及母线电流数据，分析计算电池包内电池的电压和电量以及充放电能力，与 VCU 或充电机通信；储存电池充电次数，计算电池寿命；储存电池故障信息等

（续）

部　件	作　用
从控盒	对各个电池模组或单体电池的电压巡检采集、计算与处理；找出最高电压单体电池、最低电压单体电池；计算单体电池电压最高与最低的差值是否小于 0.03V；充电时有一节单体电池电压达到充电终止电压，即停止充电；放电时有一节单体电池电压降到放电终止电压，即停止放电；通过高可靠性的数据传输通道与主控盒进行指令及数据的双向传输
高压盒	控制 PTC 加热器、预充接触器、高压正负极接触器
电子器件	采集动力电池的电压、电流和温度等信号
底层软件	架构符合汽车开放系统架构标准，模组化开发容易实现拓展和移植，提高开发效率
应用层软件	BMS 的控制核心，包括电池保护、电气防护、诊断管理、热管理、继电器控制、模组控制盒均衡控制等模组

二、动力电池管理系统的类型

用于纯电动汽车的电池管理系统主要有：集中式与分布式两类，如图 2-18 所示。

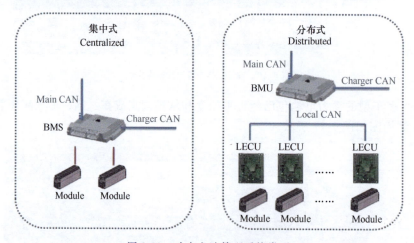

图 2-18　动力电池管理系统类型

1. 集中式

即在电池组组件中有一个中央 BMS，一般安装于动力电池包内部，如图 2-17 帝豪 EV450 BMS 结构图所示。集中式电池管理系统更紧凑，往往也是最经济的；但由于只有一个 BMS，大量电压、温度、电流采集信号线直接到控制器上，不能实现分级管理。

2. 分布式

将蓄电池模块的功能独立分离（模组和 CSC 一配一的方式），整个系统包括单体蓄电池组管理单元（CSC）、电池管理控制器（BMU）、继电器控制器和整车控制器，如图 2-16 帝豪 EV300 BMS 结构图所示，可很好的实现分级管理。

吉利帝豪 EV450 电池包有两家供应商，分别是宁德时代和欣旺达，动力电池管理系统类型也有所区别，宁德时代的电池包以集中式管理系统为主，欣旺达的电池包则使用分布式管理系统。

三、动力电池管理系统的功能

BMS 是电池保护和管理的核心部件，它不仅要保证电池安全可靠地使用，而且要充分发挥电池的能力和延长电池使用寿命。在动力电池系统中，它的作用就相当于人的大脑。作为电池和整车控制器以及驾驶者沟通的桥梁，通过控制接触器控制动力电池组的充放电，并向 VCU 传送动力电池系统的基本参数及故障信息。如图 2-19 所示为吉利帝豪 EV450 电池管理系统架构图。

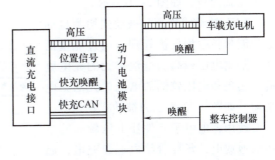

图 2-19　吉利帝豪 EV450 电池管理系统架构图

BMS 的主要功能包括数据采集、状态分析、均衡控制、热管理和安全保护。BMS 能够实时监测动力电池的电压、电流、温度、绝缘等参数，并根据检测参数进行热管理、电池均衡管理、荷电状态（SOC）计算和电池健康状态（SOH）诊断等，充电过程中控制最佳充电电流，通过 CAN 总线接口与 VCU、MCU、车载显示系统等进行实时通信。

1. 数据采集

实时采集纯电动汽车动力电池中的每个电池模组的端电压、充放电电流、电池组总电压及温度等，采集工具如图 2-20 所示。在实际使用过程中，电池在不同温度下的电化学性能不同，电池所放出的能量是不同的。BMS 可以通过软件分析单体电池状态，有效预测单体电池的供电性能，及时发现故障电池，为电池组精细维护提供依据，保证电池使用的安全性、可靠性。

a) 电压采样线　　　　　　　　b) 分流器　　　　　　c) 温度传感器　　　读取电池管理
系统数据

图 2-20　数据采集的传感器

2. 状态分析

能够准确地对电池的荷电状态（SOC）和电池健康状态（SOH）这两个方面进行估测。随时预报纯电动汽车储能电池剩余多少能量或储能电池的 SOC，让驾驶员获得直接的信息，了解剩余的电量对续驶里程的影响，使电池的 SOC 值控制在 30% ~ 70% 的工作范围内。SOC 的分析会受到 SOH 的影响，SOH 在使用过程中受到温度和电流等影响而需要不断进行分析，确保 SOC 分析的准确性。

3. 均衡控制

受到生产制造和工作环境的影响，电池在电压、容量和内阻等性质上会有所差别，导致每个单体电池在实际使用过程中有效容量和充放电电量是不一样的。因此，为保证电池系统的整体性能并延长使用寿命，减少单体电池之间的差异性对电池均衡控制是十分必要的。

电池均衡控制的方法多种多样，按 BMS 均衡管理控制方法分类，可以分为被动式均衡和主动式均衡，如图 2-21 所示。

（1）被动式均衡　被动式均衡也称之为能量耗散型均衡管理，通过能量消耗，限制电压最高的电池单元的充电电流，实现和电压较低的电池单元的充电平衡。如图 2-22 所示为被动式均衡。

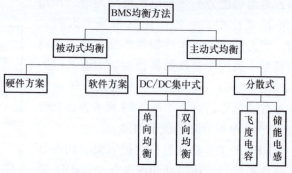

使用耗电电子元件让电压较高的单体电池放电，紧接着给电池组充电，遇到较高电压的，继续进行放电处理，如此重复循环多次调节，达到各电池电量均衡的目的。

图 2-21　BMS 均衡控制的方法

（2）主动式均衡　主动均衡也称之为非能量耗散型均衡管理，通过能量补充，补充电压最低的电池单元的充电电流，实现和电压高的电池单元的充电平衡。如图 2-23 所示为主动式均衡。

使用电容器让电压较高的单体电池放电，紧接着把电容器里的能量给电压较低的单体电池充电，如此重复循环多次调节，达到各电池电量均衡的目的。

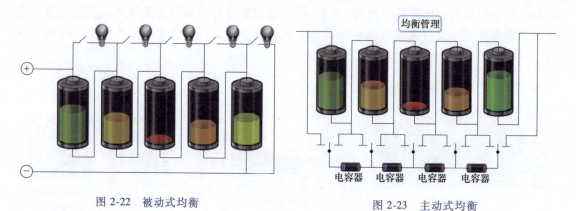

图 2-22　被动式均衡

图 2-23　主动式均衡

4. 热管理

目前动力电池普遍存在比能量和比功率低、循环寿命短、使用性能受温度影响大等缺点。由于车辆空间有限，电池在工作中产生的热量累积，会造成各处温度不均匀，从而影响单体电池的一致性，降低电池充放电循环效率，影响电池的功率和能量发挥，严重时还将导致热失控，影响系统安全性与可靠性。为了使电池组发挥出最佳的性能和寿命，需要对电池进行热管理，将电池包温度控制在合理的范围内。

BMS 热管理的主要功能包括：电池温度的准确测量和监控、电池组温度过高时的有效散热、低温条件下的快速加热、保证电池组温度场的均匀分布、电池散热系统与其他散热单元的匹配。

5. 安全保护

安全保护是 BMS 最重要的功能，是基于前面四个功能进行的，主要包括过电流保护、过充过放保护、过温保护和绝缘监测等。

（1）过电流保护　过电流保护是根据电池 SOC 限制充电电流或放电电流，防止电流过大而造成电池内部发热，热量积累增加造成电池温度上升，从而导致电池的热稳定性下降，影响电池的使用寿命和安全性能。BMS 会判断电流值是否超过安全范围，一旦超过则会采取相应的安全保护措施。

（2）过充过放保护　过充过放保护是指电池在充电或放电过程中，BMS 会检测系统中单体电池的电压，当电压超过充电或放电限制电压时，BMS 会断开充电或放电回路从而保护动力电池系统。

（3）过温保护　过温保护是指 BMS 能够在电池温度超过高温限值或是低于低温限值时，禁止充放电。

（4）绝缘监测　绝缘监测是保证动力电池系统安全的重要功能之一。动力电池系统的电压通常有几百伏，一旦出现漏电将会给驾车人员造成危险，所以绝缘监测功能显得格外重要。BMS 会实时监测主正和主负接触器对车身搭铁的绝缘阻值，如果出现绝缘阻值低于安全范围，则会上报故障并断开高压电。

四、动力电池管理系统的高压控制原理

动力电池系统中，动力电池经一定的串并联方式形成高压电池组，电池组的高压电是不能直接对外输出的，需要经过 BMS 控制才能对外输出。在控制过程中使用的就是继电器原理，在高压系统中，继电器也叫接触器。动力电池包内部都会有一个高压控制盒，高压控制盒内部就是控制动力电池充放电的高压接触器。如图 2-24 所示，帝豪 EV450 高压控制盒内部不止一个高压接触器，通常都会有主正、主负、预充等三个或三个以上的接触器。

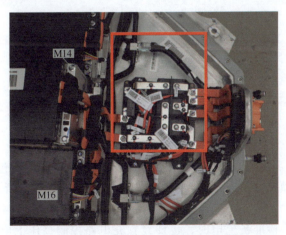

图 2-24　帝豪 EV450 高压控制盒

1. 充电控制

以帝豪 EV450 为例，电池包上有两组高压回路，即主回路和直流快充回路，在直流快充时高压电直接进动力电池，不再经过外部高压控制器控制，如图 2-25 所示。

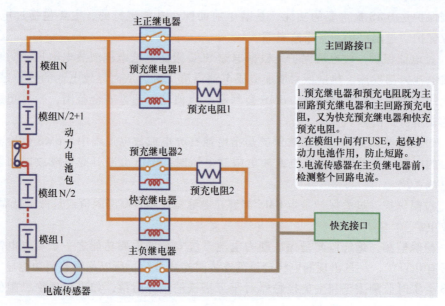

图 2-25　帝豪 EV450 动力电池高压控制原理图

1）当交流慢充时，电流经外部的车载充电机转换后，经主回路流入电池包。充电时，BMS 会先控制主负接触器和预充接触器闭合，形成预充回路，预充完成后，BMS 控制主正接触器闭合，断开预充接触器。如图 2-26 所示。

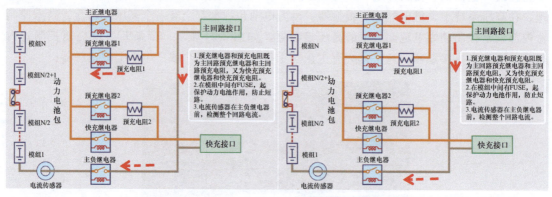

图 2-26　帝豪 EV450 动力电池慢充高压控制过程

2）当直流快充时，电流直接由快充口经快充接口进入动力电池包。在充电时，同样要经过直流预充接触器预充，预充完成后闭合快充接触器，如图 2-27 所示。

2. 放电控制

在车辆完成系统自检准备上电时，也要经预充电路控制高压上电。BMS 会先控制主负接触器、预充接触器闭合，形成预充回路，预充完成后，BMS 控制主正接触器闭合，断开预充接触器。如图 2-28 所示。

在动力电池充放电过程中，都需要先经过预充电路预充后，才会闭合主电路工作，这样是对外负载和动力电池包的保护。

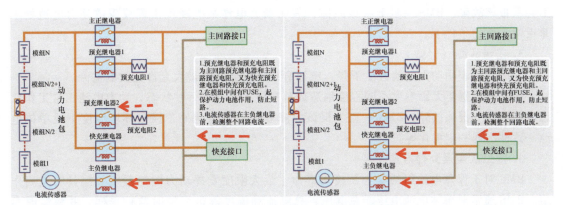

图 2-27 帝豪 EV450 动力电池快充高压控制过程

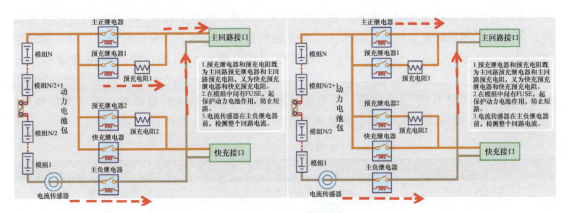

图 2-28 帝豪 EV450 动力电池放电高压控制过程

五、动力电池管理系统的故障自诊断

动力电池管理系统对电池内部的各个元件都有数据采集和监控的功能，当系统检测到某个数据与所存储数据的偏差超过极限值时，系统会判断电池故障。如某一单体电池的电压超过最低极限值时，系统就会报单体电压过低故障，为了保护动力电池包，整个动力电池系统都将下电。根据故障对整车的影响，将动力电池的故障划分为三个等级。

1. 一级故障（非常严重）

一级故障表明动力电池在此状态下已经丧失功能，请求其他控制器立即停止充电或放电。如果其他控制器在指定时间内未做出响应，电池管理系统将在 2s 后主动停止充电或放电，即断开高压继电器。

该故障出现一段时间后会造成整车安全事故，如起火、爆炸、触电等。动力电池管理系统在正常工作下不会上报该故障，BMS 一旦上报该故障，就表明动力电池处于严重滥用状态。

2. 二级故障（严重）

二级故障表明动力电池在此状态下已经丧失功能，请求其他控制器停止充电或者放电，其他控制器应在一定的延时时间内响应动力电池的停止充电或放电请求。

该故障会造成整车进入跛行状态、暂时停止能量回收、停止充电。动力电池正常工作下不会上报该故障，BMS一旦上报该故障，表明动力电池某些硬件出现故障或动力电池处于非正常工作的条件下。

3. 三级故障（轻微）

三级故障表明动力电池性能下降，电池管理系统会降低最大允许充放电电流。

该故障对整车无影响或不同程度地造成整车进入限功率行驶状态，动力电池正常工作状态可能不会上报该故障，BMS一旦上报该故障表明动力电池处于极限环境温度下或单体电池一致性出现一定劣化等。

4. 常见故障及处理方法

BMS对于保障电池组的安全及使用寿命，最大限度发挥动力电池系统效能具有重要作用。BMS通常对单体电池电压、总电压、总电流和温度等进行实时监控采样，并将实时参数反馈给整车控制器。BMS除了对电池性能参数进行监控、实施电性能管理以外，还具有热管理为主的应用环境管理，实施对电池的加热和冷却，确保电池运行所需的良好的环境温度。若电池管理系统发生故障，就失去了对电池的监控，不能估计电池的SOC，容易造成电池的过充、过放、过载、过热以及不一致性等问题，影响电池的性能、使用寿命和行车安全。

BMS故障包括CAN通信故障、总电压测量故障、单体电压测量故障、温度测量故障、电流测量故障、继电器故障、加热器故障和冷却系统故障等，具体描述见表2-2。

表2-2　BMS故障的现象、后果及处理方法

故障现象	故障后果	处理方法
CAN通信故障	无法监控纯电动汽车	检查CAN网络
总电压测量故障	无法监控总电压	检查总电压测量模块
单体电压测量故障	无法监控单体电压	检查单体电压测量模块
温度测量故障	无法监控电池温度	检查温度测量模块
电流测量故障	无法监控电池电流	检查电流测量模块
继电器故障	无法完成上电或下电	检查主正、主负及预充继电器等
加热器故障	低温无加热功能	检查PTC加热电器
冷却系统故障	电池温度偏高	检查冷却风扇控制线路

》》》 任务实施

任务内容：读取BMS系统相关数据流，并对数据流进行分析

1. 任务准备

1）安全防护装备：绝缘手套、安全警示标识。

2）车辆、台架：纯电动汽车或者动力电池实训台。

3）专用工具：万用表、解码仪。

2. 安全注意事项

1）判断车辆是否安全　为保证工作人员的安全，需要确定车辆属于安全车辆。

2）遵守电动汽车的操作安全提示。

3）无压状态下切换高压系统。

4）确认组合仪表中高压系统已经退出工作。

5）遵守电动汽车的操作安全提示　穿戴好绝缘手套、绝缘鞋，如果需要拆装高压用电设备，应使用专用绝缘工具。

3. 实施步骤

示　意　图	实　施　步　骤
电子排档杆初次使用需要您熟悉一下	①确认驻车制动 完成情况：□完成 　　　　　□未完成，原因：_____
系统 踩下制动踏板，按下电源开关	②踩下制动踏板直至一键启动开关指示灯变成绿色，按下一键启动开关，使车辆进入到 REDAY 模式，确认车辆处于 N 档状态 完成情况：□完成 　　　　　□未完成，原因：_____
	③检查仪表显示的故障 故障灯情况记录：_____ 完成情况：□完成 　　　　　□未完成，原因：_____
	④连接故障诊断仪，用故障诊断仪读取故障码 进入 BMS 系统，读取 BMS 系统故障码： _____ 完成情况：□完成 　　　　　□未完成，原因：_____

（续）

示　意　图	实　施　步　骤
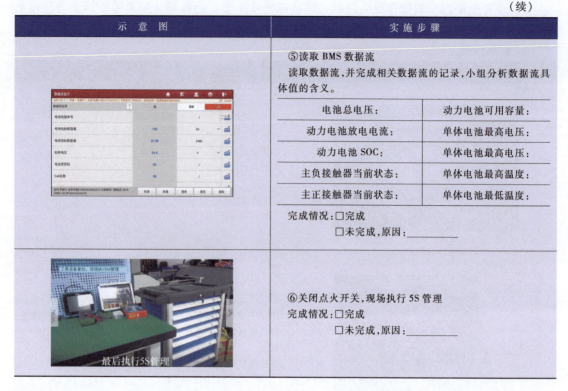	⑤读取 BMS 数据流 读取数据流,并完成相关数据流的记录,小组分析数据流具体值的含义。 表格见下方

电池总电压：	动力电池可用容量：
动力电池放电电流：	单体电池最高电压：
动力电池 SOC：	单体电池最高电压：
主负接触器当前状态：	单体电池最高温度：
主正接触器当前状态：	单体电池最低温度：

完成情况：□完成

□未完成,原因：＿＿＿＿＿

⑥关闭点火开关,现场执行 5S 管理

完成情况：□完成

□未完成,原因：＿＿＿＿＿

最后执行5S管理

任务3　动力电池热管理技术

≫ 任务引入

一辆纯电动汽车,仪表动力电池故障灯、MIL 灯点亮,且一级报警音提示驾驶员尽快离开车辆,读取故障码显示"P0A7E22 电池温度过高故障"。现在车间主管安排你完成此任务,你应该如何检修呢?

≫ 任务目标

1. 能叙述动力电池热管理的意义。

2. 能分析动力电池冷却及加热工作的过程。

3. 能说出帝豪 EV450 热管理系统的工作原理。

动力电池热
管理技术

4. 根据动力电池热管理系统的工作原理,能够分析动力电池发生着火故障的原因及应对办法。

5. 能通过小组合作进行热管理系统的维护。

≫ 知识链接

一、动力电池热管理的意义

目前电动汽车自燃事件频出,究其原因主要与电池管理系统中的热管理有关。由于过高或过低的温度都将直接影响动力电池的使用寿命和性能,并有可能导致电池系统的安全问题。电池箱内温度场的长久不均匀分布将造成各电池模组、单体间性能的不均衡,因此电池热管理系统对于电动车辆动力电池系统而言是必需的。可靠、高效的热管理系统对于电动车辆的可靠安全应用意义重大。

由于车辆装载电池的空间有限，正常运行所需的电池数目较大，电池会以不同放电倍率放电，并以不同热速率产生大量热量，再加上时间累积以及空间影响将会聚集大量热量，从而导致电池组运行环境的温度复杂多变。

电池包内温度上升严重影响电池组的电化学系统、循环寿命、充电可接受性、电池包功率和能量、安全性和可靠性等。

1. 充电影响

环境温度直接影响锂离子电池使用中的能量与功率性能。温度较低时，电池的可用容量将迅速发生衰减，在过低温度下（如低于0℃）对电池进行充电，可能引发瞬间的电压过充现象，造成内部析锂而引发短路。

充电时，单体电池的温度在0~55℃之间，才可以充电。当环境温度高于55℃或低于0℃时，电池管理系统将自动切断充电回路，此时无法充电。充电前检测箱体内部温度，若有低于0℃的温度点，启动加热模式，闭合加热片，进行加热内循环，待所有电池温度点高于5℃，停止加热，启动充电程序。如果加热过程中出现加热片温度差高于20℃时间歇停止加热，待加热片温度差低于15℃时重启加热片。

2. 安全性

动力电池的热相关问题直接影响电池的安全性。生产制造环节的缺陷或使用过程中的不当操作都可能造成电池局部过热，进而引起连锁放热反应，最终造成冒烟、起火甚至爆炸等严重的热失控事件，威胁到车辆驾乘人员的生命财产安全。

3. 使用寿命

动力电池的工作或存放温度影响其使用寿命。电池适宜的存放温度在10~30℃之间，过高或过低的温度都将导致电池寿命的较快衰减。动力电池的大型化使得其表面积与体积之比相对减小，电池内部热量不易散出，可能出现内部温度不均、局部温升过高等问题，从而进一步加速电池衰减，缩短电池使用寿命，增加用户的使用成本。

4. 动力电池热管理系统的功能

动力电池热管理系统是保证动力电池使用性能、安全性和寿命的关键技术之一。热管理系统的主要功能包括：

1）电池温度的准确测量与监控，在电池温度较高时进行有效散热，防止产生热失控事故，常用的冷却方法有自然对流法、强迫空气对流法、液体冷却法等。

2）在电池温度较低时快速加热提升电池温度，确保低温下的充电、放电性能和安全性，常用的加热方法有电池内部加热法、加热板法、加热套法、热泵法等。

3）减小电池组内的温度差异，保证电池温度场的均匀分布，抑制局部热区的形成，防止高温位置处电池过快衰减，降低电池组整体的使用寿命。

二、热管理系统的工作原理

1. 动力电池冷却原理

目前新能源汽车的动力电池组都装有冷却散热装置，动力电池冷却方式有风冷式和水冷式两种。

（1）风冷式　风冷式动力电池冷却系统是利用散热风扇将来自车厢内部的空气吸入动力电池箱，冷却动力电池以及动力电池的控制单元等部件，如图 2-29 所示。丰田普锐斯、卡罗拉、雷凌混合动力等车型都是采用风冷式动力电池冷却系统。

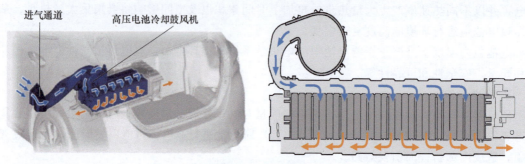

图 2-29　动力电池风冷

早期的和一些低端的电动汽车，动力电池包采用自然风冷的形式，没有冷却风扇，如图 2-30 所示，从图中可见，电池组内部无冷却水管、冷却风扇，完全靠电池包下板与空气的接触散热。

（2）水冷式　水冷式动力电池冷却系统是使用特殊的冷却液在动力电池内部的冷却液管路中流动，将动力电池产生的热量传递给冷却液，从而降低动力电池的温度，如图 2-31 所示。

冷却系统是利用热传导的原理，通过冷却液在各个独立的冷却系统回路中循环，使电机、逆变器和动力电池包保持在最佳的工作温度。冷却液是 50% 的水和 50% 的有机酸的混合物，冷却液要定期更换才能保持其最佳效率和耐腐蚀性。

图 2-30　动力电池自然风冷

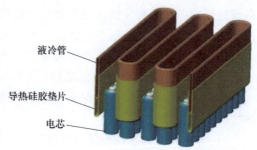

液冷管

导热硅胶垫片

电芯

图 2-31　动力电池水冷系统

目前在主流的电动汽车上，动力电池包的冷却系统除了水冷系统外还可与空调制冷系统热交换，从而达到冷却温度可控的目的。

如图 2-32 所示，动力电池包直接通过冷却液进行冷却，同时冷却液循环回路与制冷剂循环回路通过冷却液制冷剂热交换器（冷却单元）连接。当直接冷却水循环冷却强度不够时，可以通过循环制冷剂制冷的形式给电池包冷却液散热降温，从而达到给动力电池包降温的目的。由于空调系统的加入，电池包的冷却就跟"吹空调"一样，散热温度可调。因此，空调系统制冷剂循环回路由两个并联支路构成。一个用于冷却车内空间，一个用于冷却动力电池单元，两个支路各有一个膨胀和截止组合阀，是两个相互独立的冷却系统。

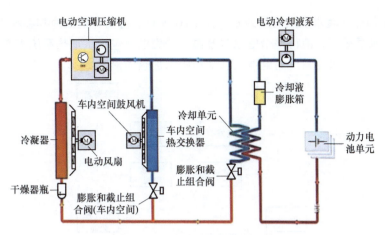

图 2-32 空调循环冷却控制系统

冷却工作原理：

电动冷却液泵通过冷却液循环回路输送冷却液，只要冷却液的温度低于电池模组，仅利用冷却液的循环流动便可冷却电池模组。冷却液温度上升，不足以使电池模组的温度保持在预期范围内时，要降低冷却液的温度，需借助冷却液制冷剂热交换器（冷却单元），这是介于动力电池冷却液循环回路与空调系统制冷剂循环回路之间的接口。

冷却单元上的膨胀和截止组合阀使用电气方式启用并打开，液态制冷剂将流入冷却单元并蒸发，这样可吸收环境空气热量，因此也是一种流经冷却液循环回路的冷却液。电动空调压缩机再次压缩制冷剂并输送至冷凝器，制冷剂在此重新变为液体状态。

2. 动力电池加热原理

动力电池的工作温度在 −20~55℃ 之间，适宜温度在 10~30℃ 之间。当动力电池的工作温度过低时，动力电池的活性就会降低，影响电动汽车的续航，甚至在极限低温条件下连充电都无法完成。这也是电动汽车在低温环境下的最大弊端。目前市场上电动汽车动力电池包加热的方式有两种，一种是 PTC 电热毯加热，一种是暖水加热。

（1）PTC 电热毯加热　如图 2-30 所示动力电池组，电池包内部橙色的贴片就是 PTC 加热毯。主控模组接收来自从控单元反馈的实时温度，计算出最大值与最小值，当监测到电池温度低于设定值时，主控模组控制加热继电器闭合，如图 2-33 所示。通过加热元件进行加热，加热元件如图 2-34 所示。一般风冷电池包使用电热毯加热的形式。

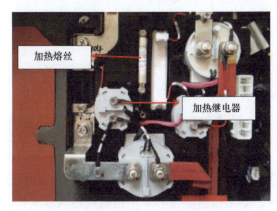

图 2-33 加热继电器和加热熔丝

图 2-34 加热元件

（2）暖水加热　暖水加热的形式是采用 PTC 加热器将动力电池冷却系统中冷却液加热，然后通过冷却水泵循环，使得整个电池包升温，动力电池包暖水加热系统工作原理如图 2-35 所示。一般情况下，水冷系统的电池包都采用暖水加热的形式。

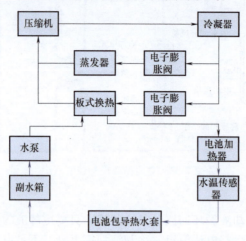

图 2-35　动力电池包暖水加热系统工作原理

三、吉利帝豪 EV450 热管理系统

吉利帝豪 EV450 电池包采用的是水冷式，热管理系统结构原理图如图 2-36 所示。

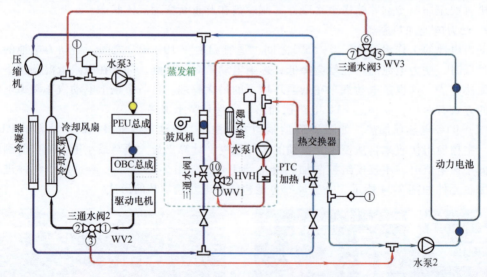

图 2-36　吉利帝豪 EV450 热管理系统结构原理图

整车热管理系统分三大部分：电驱动散热系统、乘客舱空调系统、动力电池包散热和加热系统。

1. 电驱动散热系统

如图 2-36 所示，电驱动散热系统由 PEU、OBC 总成、电机总成、水泵、散热器以及散热风扇组成。当电机或者系统控制器温度过高时，整车控制器（VCU）控制散热风扇工作，给系统散热。

2. 乘客舱空调系统

乘客舱空调系统分两部分，即制冷和制热。通过电动压缩机和电子膨胀阀等完成制冷系统的工作，与传统汽车的制冷系统基本一样。制热系统是采用 PTC 加热器先将水加热，然后利用电子水泵将热水送至仪表台内暖风水箱。

3. 动力电池包散热和加热系统

（1）电池冷却回路 当电池有冷却需求时，压缩机起动，电池回路通过冷却液制冷剂热交换器与空调回路进行热交换。空调制冷量可以通过电子膨胀阀调节，实现制冷温度可控，如图 2-37 所示。

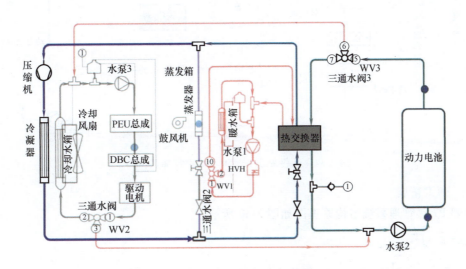

图 2-37 吉利帝豪 EV450 动力电池冷却回路

（2）电池加热回路 1 当电池有加热需求时（电池最低温度低于 -10℃，且暖风开启），PTC 加热器起动，同样电池回路通过冷却液制冷剂热交换器与 PTC 回路进行热交换，从而达到加热升温的目标，如图 2-38 所示。

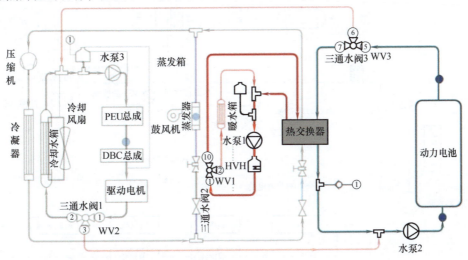

图 2-38 吉利帝豪 EV450 动力电池加热回路 1

（3）电池加热回路 2　当电池有加热需求时（电池最低温度高于 −10℃），PTC 加热器不起动，利用电驱系统回路的热量加热电池回路，如图 2-39 所示。这样设计的目的可以降低 PTC 的使用，从而减少电耗。

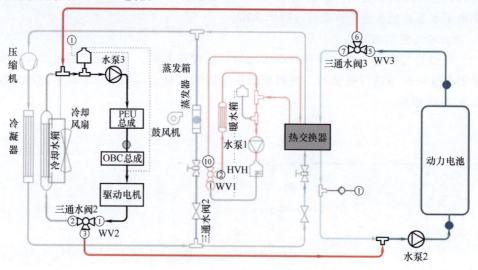

图 2-39　吉利帝豪 EV450 动力电池加热回路 2

▶▶▶ 知识拓展

小鹏 P7 热管理系统结构原理图如图 2-40 所示。

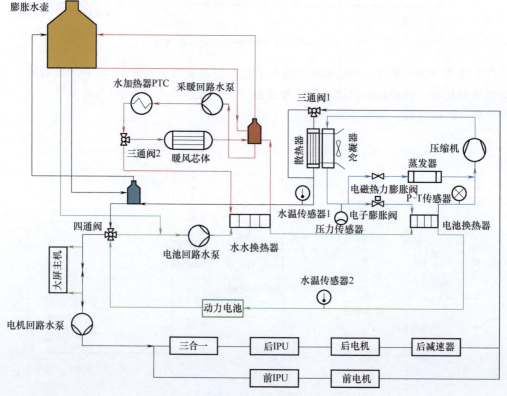

图 2-40　小鹏 P7 热管理系统结构原理图

四、动力电池着火故障原因分析

1. 锂电池着火的原因

引起锂电池着火的本质是电池内的热量未能按照设计进行释放，引起达到内外燃烧物的燃点后起火，着火的原因主要有内部短路、外部短路和外部高温。

（1）内部短路　由于电池的滥用，如过充电或过放电导致的支晶、电池生产过程中的杂质灰尘等，将刺穿隔膜，产生微短路，电能量的释放导致温升，温升带来的材料化学反应又扩大了短路路径，形成了更大的短路电流，这种互相累积互相增强的破坏，导致热失控。

（2）外部短路　以电动汽车为例。实际车辆运行中发生危险的概率很低，一是整车系统装配有熔断丝和电池管理系统（BMS），二是电池能承受短时间的大电流冲击。极限情况下，短路点越过整车熔断器，同时 BMS 失效，较长时间的外部短路一般会导致电路中的连接薄弱点烧毁，很少导致电池发生热失控事件。现在，比较多的电池包企业采用了回路中加熔断丝的做法，能更有效地避免外部短路引发的危害。

（3）外部高温　由于锂电池结构的特性，高温下 SEI 膜、电解液、EC 等会发生分解反应，电解液的分解物还会与正极、负极发生反应，电池隔膜将融化分解，多种反应导致大量热量产生。电池隔膜融化导致内部短路，电能量的释放又增大了热量的生产。这种累积的互相增强的破坏作用，其后果是导致单体电池防爆膜破裂，电解液喷出，发生燃烧着火。

2. 锂电池灭火方案

分析了电池着火的原因，当锂电池着火需要进行灭火处理时，让我们看一下特斯拉（Tesla）的推荐方案：

1）如果遭遇小火灾，火焰没有蔓延到高压电池部分，可以采用二氧化碳或 ABC 干粉灭火器进行灭火。

2）在彻底检查火情的时候，不要与任何高压部件接触，始终使用绝缘工具进行检查。

3）如果高电压电池在火灾中弯曲、扭曲、损坏等，或者怀疑电池出现问题时，那么灭火时的用水量不能太少，消防用水要有足够的量。如图 2-41 所示。

4）电池着火可能需要 24h 才能完全扑灭。使用热成像摄像头，可以确保高电压电池在事故结束前完全冷却。如果没有热成像摄像头，就必须监控电池是否会复燃。冒烟表示电池仍然很热，监控至少要保持到电池不再冒烟的一小时之后。

图 2-41　电动汽车着火处理

美国通用沃蓝达的应急救援手册中对电动汽车的消防灭火是这样指导的：如果电池达到足够高的温度，泄漏和释放电解液，电解液肯定是易燃品。这就需要用大量的水来冷却电池和灭火,因为直流和交流系统没有接地,消防员可以安全的用水作为主要灭火剂,没有触电的危险。ABC 干粉灭火器不会熄灭电池火焰。消防员应避免在灭火过程中操作任何高压组件中的内部结构,这会潜在导致电击。

》》 任务实施

任务内容:电动汽车热管理系统的维护

1. 任务准备

1)安全防护装备:绝缘手套、安全警示标识、安全帽、护目镜等。

2)车辆、台架:吉利帝豪 EV450 实训车辆。

3)专用工具:万用表、绝缘拆装工具、电池内阻检测仪、汽车故障诊断检测仪、电池举升车。

2. 安全注意事项

1)判断车辆是否安全,为保证工作人员的安全,需要确定车辆属于安全车辆。

2)遵守电动汽车的操作安全提示。

3)无压状态下切换高压系统。

4)确认组合仪表中高压系统已经退出工作。

5)穿戴绝缘保护用品,穿戴好绝缘手套、绝缘鞋,如果需要拆装高压用电设备,应使用专用绝缘工具。

3. 实施步骤

示意图	实施步骤
	①检查电驱、电池包液罐内冷却液的液位。确认其是否处于上限(MAX)与下限(MIN)刻度线之间 完成情况:□完成 　　　　□未完成,原因:＿＿＿＿
	②检查冷却系统有无泄漏现象,如果低于下限刻度线,则应检查冷却系统是否存在漏液 注意:使用与原车型号相同的冷却液 完成情况:□完成 　　　　□未完成,原因:＿＿＿＿

（续）

示　意　图	实　施　步　骤
	③使用诊断仪读取动力电池系统数据 a. 单体电池电压 最大：　　　　最小： b. 电池包温度 最大：　　　　最小： c. 电池总电压： d. SOC： 完成情况：□完成 　　　　　□未完成，原因：＿＿＿＿
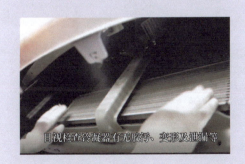 分别打开AC和AUTO调节温度，检查冷暖功能、除霜功能	④检查空调系统功能 检查风量、模式、内外循环；分别打开 AC 和 AUTO 调节温度，检查冷暖功能、除霜功能 异常情况记录：＿＿＿＿＿ 完成情况：□完成 　　　　　□未完成，原因：＿＿＿＿
 目视检查冷凝器有无胶污、变形及泄漏等	⑤检查冷却系统1 举升车辆，目视检查散热器、冷凝器有无胶污、变形及泄露等 完成情况：□完成 　　　　　□未完成，原因：＿＿＿＿
	⑥检查冷却系统2 目视检查动力电池、动力总成冷却系统有无破损变形及泄漏等 完成情况：□完成 　　　　　□未完成，原因：＿＿＿＿

（续）

示 意 图	实 施 步 骤
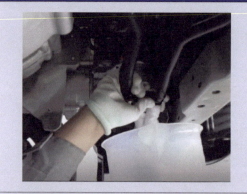	⑦排放电池冷却液 拆卸排放螺栓,排放冷却液。排尽后安装排放螺栓 注意:不要洒落冷却液,如有溅到眼睛请及时用大量清水冲洗 完成情况:□完成 　　　　　□未完成,原因:＿＿＿＿＿
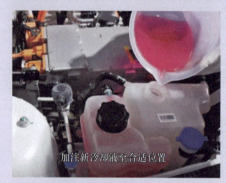 加注新冷却液至合适位置	⑧加注新冷却液 降低车辆,加注冷却液至合适位置 完成情况:□完成 　　　　　□未完成,原因:＿＿＿＿＿
	⑨加注系统初始化 连接诊断仪,进入加注系统初始化,执行系统排气 注意:排气时间不得低于 2min。 完成情况:□完成 　　　　　□未完成,原因:＿＿＿＿＿
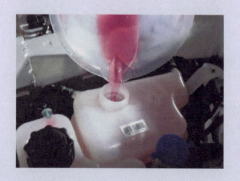	⑩检查液位高度 执行系统排气后再次检查机舱储液罐液位高度,不够则需补充添加 完成情况:□完成 　　　　　□未完成,原因:＿＿＿＿＿

（续）

示　意　图	实　施　步　骤
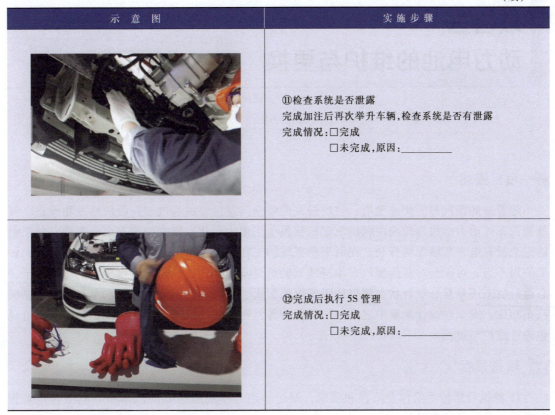	⑪检查系统是否泄露 完成加注后再次举升车辆,检查系统是否有泄露 完成情况:□完成 　　　　　□未完成,原因:＿＿＿＿＿
	⑫完成后执行 5S 管理 完成情况:□完成 　　　　　□未完成,原因:＿＿＿＿＿

项目三
动力电池的维护与更换

🔶 项目描述

随着新能源汽车的快速发展，它所带来的安全问题已经成为汽车行业的热点和难点。新能源汽车的动力结构与传统内燃机汽车相比发生了很大变化，新能源汽车由电驱动，如果电池完全没有电，车辆无法行驶。同时车辆系统的工作情况也不同，具有不同的工作特性，如果使用不当，可能会对新能源汽车本身或驾驶员自身造成伤害。新能源汽车无论车辆处于动态运行状态还是静态放置状态都可能引发电池起火、自燃等，因此新能源汽车与传统内燃机汽车相比，安全性设计是重中之重。作为新能源汽车专业的维修人员，应该如何对动力电池包进行维护与更换？

📝 项目目标

1. 能执行维修手册作业流程和要求，通过小组合作实施纯电动汽车动力电池包检查作业项目，并记录检查结果。
2. 能根据检查情况，撰写纯电动汽车动力电池包检查结果总结和反馈报告。
3. 能执行维修手册作业流程和要求，通过小组合作实施更换动力电池包。

任务1　维护动力电池组

维护动力电池组

》》 任务引入

一辆纯电动汽车，客户反映车辆无法行驶，经维修人员检查发现仪表动力电池故障灯、MIL 灯点亮，并且一级报警音提示驾驶员尽快离开车辆，读取故障码显示"P118312 电池内部短路"故障。现在车间主管安排你完成此任务，你应该如何处理呢？

》》 任务目标

1. 能根据动力电池的测试标准分析动力电池的主要检测项目。
2. 能根据维修手册作业流程和要求，通过小组合作实施纯电动汽车动力电池包检查，并记录检查结果。

》》 知识链接

一、新能源汽车动力电池包的安全设计

1. 高温、漏电保护

动力电池采用 BMS 管理器，通过对电压采样、温度采样、电池均衡性监测、采样线异

常检测等对电池异常状态报警、保护、自检以及通信，确保动力电池安全。

2. 电磁场辐射强度安全

国际认可的低频电磁场辐射强度安全限值为 $100\mu T$，低于这个强度都是安全的。

3. 动力电池碰撞后短路不起火不爆炸

动力电池碰撞后，壳体变形，若变形严重，电池短路，瞬间释放能量，内部将产生气体，气体达到一定量时电池防爆阀启动，气体从防爆阀处泄漏排出，电池不会发生起火爆炸。

4. 动力电池的安全性能测试标准

动力电池的安全性能必须能经受住各种严苛试验，为了确保动力电池具有良好的安全稳定性，在检验过程中必须进行火烧、短路、针刺、撞击、高温、挤压等极端测试，如图 3-1 所示。

a) 火烧

b) 短路

c) 针刺

d) 撞击

e) 高温

f) 挤压

图 3-1　动力电池的安全性能测试

5. 动力电池包的防着火设计

增加自动灭火器，在检测到火源后可自动灭火。电池箱自动灭火能够有效探测到储能装置舱内的锂离子电池或超级电容器等的早期火灾并给予报警，同时实现火灾自动扑灭并持续抑制，杜绝电池、电容器的火灾复燃。

电池箱体增加 PUW 泄压阀，防止腔体压力累积，如图 3-2 所示。

图 3-2　PUW 泄压阀

箱体及各模块选择耐高温及阻燃材料。电池箱体采用耐高温材料，当电池箱内部运行时，会发出大量的热量，为防止电池发生异常问题，故采用耐高温阻燃材料比较好。

6. 高压部件防护

高压部件的防护主要包括防水、机械防护及高压警告标识等，尤其是布置在机舱内的部件，如电机及其控制系统、电动空调系统、DC/DC 电压转换器、车载充电机等及它们中间的连接接口，都需要达到一定的防水和防护等级。高压部件应具有高压危险警告标识，以警示用户与维修人员在保养与维修时注意这些高压部件。高压连接器防护等级设计要求满足IP67，保证防尘和涉水安全。IP 指防护安全级别，IP 后的第一个数字为固态防护等级，第二个数字为液态防护等级，见表 3-1。

表 3-1　防护等级标准

第一位数字	固态防护范围	第二位数字	液态防护范围
0	无防护	0	无防护
1	防止直径大于 50mm 的固体外物侵入	1	防止水滴侵入
2	防止直径大于 12.5mm 的固体外物侵入	2	倾斜 15°时，仍可防止水滴侵入
3	防止直径大于 2.5mm 的固体外物侵入	3	防止喷洒的水侵入
4	防止直径大于 1.0mm 的固体外物侵入	4	防止飞溅的水侵入
5	防止外物及灰尘，即灰尘防护，并不完全防止灰尘进入,但不会妨碍仪器正常运转及降低安全性	5	防止喷射的水侵入
6	禁止外物及灰尘	6	防止大浪侵入
		7	防止浸水时水的侵入
		8	防止沉没时水的侵入

7. 动力电池防护

新能源汽车动力电池共分为三大安全保护环节，分别为单体电池安全、电池模组安全以及电池系统安全。

（1）单体电池安全设计　单体电池作为电动汽车能量存储的最小装配单元，其安全品质决定了电池系统的安全性能，其原材料的选择和单体电池生产的一致性是影响电池安全性的关键因素。

（2）电池模组安全设计

1）选择合适的连接方式，根据动力电池系统设计的整体要求对选定好的单体电池结构形状进行模组安全设计，采用标准模组设计。

2）装配要求松紧度适中，各结构部件应具有足够的强度，防止因内外部力的作用而发生变形或损坏。

为了确保电池模组在车辆行驶中的安全，车企会为电池模组提供保护框架，也称电池模组框架。当前多数新能源汽车动力电池被布置在底盘上，在行驶中更容易与水接触，所以保护框架会针对电池高压部分进行特殊绝缘保护，包括涉水、碰撞等外力可能对电池造成的安全影响。而且保护框架还能实现一举两得的作用，在保护电池的同时，也能够强化整个车体的安全，尤其是可降低侧面撞击带来的车体变形，实现从结构层面对整车进行安全保护，如图3-3所示。

3）单体电池与导电条等连接选用焊接工艺，避免出现螺钉松动造成虚接，内阻上升，进一步引起热失控的安全隐患。

4）单体电池之间的导电连接距离应尽量短，最好选择柔性连接，各导电条的导电能力要满足车辆的最大过流能力，同时充分考虑电池串并联高压连接之间的绝缘保护问题。

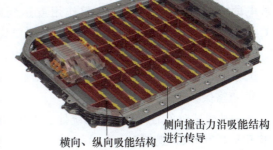

横向、纵向吸能结构　　侧向撞击力沿吸能结构进行传导

图 3-3　动力电池模组保护框架

（3）电池系统安全　电池系统安全是指在单体电池及电池模组安全的基础上，通过电池管理系统（BMS）的精确管理达到整个电池系统在安全范围内工作，如温度、电压、电流等。因此电池管理系统的主要功能就是确保电池系统的安全可靠，它依靠大量的数据和复杂的计算逻辑来实现。

8. 动力电池包的特点

1）要求单体电池具有高度的一致性（容量、内阻、电压、放电曲线、寿命）。

2）电池包的循环寿命低于单体电池的循环寿命。

3）在限定的条件下使用（包括充电、放电电流，充电方式，温度等）。

4）锂电池包成型后电池电压及容量有很大提高，必须加以保护，对其进行充电均衡、温度、电压及过流监测。

5）电池包必须达到设计需要的电压、容量要求。

6）要求电池散热良好，电池数量较多，电池箱内部的电池温升不容易散出来，易造成各电池间温度不均匀，放电特性不一，最终造成电池性能下降。

二、新能源汽车动力电池测试国家标准规定

1. 试验准备

（1）动力电池包的准备　动力电池包的高压、低压及冷却装置和测试平台设备相连，开启动力电池包的被动保护功能。根据动力电池包制造商的要求和测试规程，利用测试平台检测和控制动力电池包的工作状态和工作参数，并保证主动开启保护，必要时可以通过断开动力电池包的主接触器来实现。动力电池包测试过程中，动力电池包和测试平台之间没有信息交换，动力电池包的参数限值由测试平台直接控制。测试平台检测动力电池包的电流、电压、容量和能量等参数，并将这些数据作为检测结果和计算依据。

（2）动力电池系统的准备　动力电池系统的高压、低压、冷却装置及 BMS 和测试平台设备相连，开启动力电池系统的主动和被动保护。测试平台保证测试参数和条件与测试规程的要求一致，并保证动力电池系统工作在合理的限值之内，这些限值由 BMS 通过总线传输至测试平台，BMS 控制冷却装置的工作。动力电池系统测试过程中，动力电池系统通过总线和测试平台通信，将动力电池状态参数和工作限值实时传输到测试平台，再由测试平台根据动力电池状态和工作限值控制测试过程。

2. 过温保护测试

测试中测试对象所有控制系统处于工作状态，以测试对象允许的最大持续放电电流进行充放电试验，直至电池管理系统起作用或达到以下条件时停止试验（超过最高工作温度 10℃ 或在 1h 内最高温度变化值小于 4℃ 或出现其他意外情况）。

过温保护测试后要求电池管理系统起作用，动力电池系统无外壳破裂、着火或爆炸现象，试验后的绝缘电阻值不小于 100Ω/V。

3. 短路保护测试

测试时测试对象的所有控制系统处于工作状态，将测试对象的接线端短路 10min，短路电阻不大于 20mΩ，观察 2h。

短路保护测试后要求保护装置起作用，动力电池系统无泄漏、外壳破裂、着火或爆炸现象，试验后的绝缘电阻值不小于 100Ω/V。

4. 过充电保护测试

测试时测试对象的所有控制系统处于工作状态，充电电流倍率为 1C，充电至电池管理系统起作用或达到以下条件时停止试验（测试对象的最高电压的 1.2 倍或 SOC=130% 或超过厂家规定的最高温度 5℃ 或出现其他意外情况）。

过充电保护测试后要求电池管理系统起作用，动力电池系统无外壳破裂、着火或爆炸现象，试验后的绝缘电阻值不小于 100Ω/V。

5. 过放电保护测试

测试时测试对象的所有控制系统处于工作状态，持续以 1C 标准放电，直至电池管理系统起作用或达到以下条件时停止试验（总电压低于标称电压的 25% 或过放电时间超过 30min 或厂家规定的最高温度 5℃ 或出现其他意外情况），试验后观察 2h。

过放电保护测试后要求电池管理系统起作用，动力电池系统无外壳破裂、着火或爆炸现象，试验后的绝缘电阻值不小于 100Ω/V。

6. 跌落测试

测试对象以实际维修或安装过程中最可能跌落的方向，从 1m 的高度处自由跌落到水泥地面上，观察 2h。

跌落测试后要求动力电池包或系统无电解液泄漏、着火或爆炸等现象。

三、动力电池维护

1. 动力电池检查标准

1）将车辆举升后，目测动力电池底部有无磕碰、划伤、损坏等现象，如发现以上情况应及时修理或更换。

2）定期对动力电池满充、满放一次，使用专用检测仪对单体电池进行测试。

3）使用专用检测仪对动力电池绝缘电阻进行测试，目测动力电池高低压插接件有无变形、松脱、过热、损坏的情况。

2. 动力电池系统周期保养项目检查标准

（1）内部绝缘检查

目的：防止电箱内部短路。

方法：将电箱内部高压控制盒插头打开，用万用表测试总正、总负对地电阻。电阻值≥500Ω/V。

（2）模组连接件检查

目的：防止螺钉松动，造成故障。

方法：使用绝缘的扭力扳手紧固，扭矩为 35Nm，检查完成后，做好极柱绝缘。

（3）电箱内部温度采集点检查

目的：确保测温点工作正常，采集点合理。

方法：电脑监控温度与红外热像仪温度对比，检查温感精度。

工具：诊断仪、红外热像仪。

（4）电箱内部除尘

目的：防止内部粉尘较多，影响通信。

方法：使用压缩空气清理。

工具：空气压缩机。

（5）电压采集线检查

目的：防止电压采集线破损，导致测试数据不准。

方法：将从板插接件打开并安装 1 次。

（6）标识检查

目的：防止标识脱落。

方法：目测。

（7）熔断器检查

目的：检查熔断器状态是否良好。

方法：使用万用表二极管档测量通断。

（8）电箱密封检查

目的：保证电箱密封良好，防止水进入。

方法：目测密封条。

（9）继电器测试检查

目的：防止继电器损坏，车辆无法正常接通高压。

方法：使用监控软件启动关闭总正总负继电器。

工具：诊断仪、万用表。

（10）高低压插接件可靠性检查

目的：确保插接件正常使用。

方法：目测检查是否有松动、破损、腐蚀、密封等情况。

（11）电池包安装点检查

目的：防止电池包脱落。

方法：目测检查每个安装点焊接处是否有裂纹。

（12）电池包外观检查

目的：确保电池包未受到外界因素影响。

方法：目测电池包无变形、无裂痕、无腐蚀、无凹痕。

（13）保温检查

目的：确保冬季电池包内部温度。

方法：目测检查电池包内部边缘保温棉是否脱落、损坏。

（14）电池包高低压线缆安全检查

目的：确保电池包内部线缆是否破损、漏电。

方法：目测检查电池包内部线缆是否破损、漏电。

（15）单体电池防爆膜、外观检查

目的：防止单体电池损坏、漏电。

方法：目测检查单体电池防爆膜、电池外观是否破损。

（16）CAN 电阻检查

目的：确保通信质量。

方法：断电情况下，使用万用表欧姆档位测量 CAN 数据线电阻。

（17）电池包内部干燥性检查

目的：确保电池箱内部无水渍。

方法：打开电池包，目测检查电池箱内部是否有积水，使用万用表测量电池包绝缘情况。

（18）电池加热系统测试

目的：确保加热系统工作正常，避免冬季时影响充电。

方法：电池箱通 12V 电，打开监控软件，起动加热系统，目测风扇是否正常。

3. 高压部件绝缘性能检查

方法：拔下高压控制盒端动力电池输入线，将万用表黑表笔连接车身，红表笔逐个测量动力电池正极、负极端子。（拔插高压线束，请做好高压安全防护。）

标准：动力电池正极绝缘电阻为>20MΩ，负极绝缘电阻为>20MΩ。

>>> **任务实施**

任务内容：电动汽车动力电池的维护

1. 任务准备

1）安全防护装备：绝缘手套、安全警示标识。

2）车辆、台架：北汽新能源、比亚迪 e5 或 e6、吉利新能源车辆。

3）专用工具：万用表、绝缘拆装工具。

2. 安全注意事项

1）判断车辆是否安全。为保证工作人员的安全，需要确定车辆属于安全车辆。

2）遵守电动汽车的操作安全提示。

3）无压状态下切换高压系统。

4）确认组合仪表中高压系统已经退出工作。

5）穿戴绝缘保护用品。穿戴好绝缘手套、绝缘鞋，如果需要拆装高压用电设备，应使用专用绝缘工具。

3. 实施步骤

动力电池的常规维护作业项目，不需要拆卸动力电池，也不需要开盖检查。

示　意　图	实施步骤
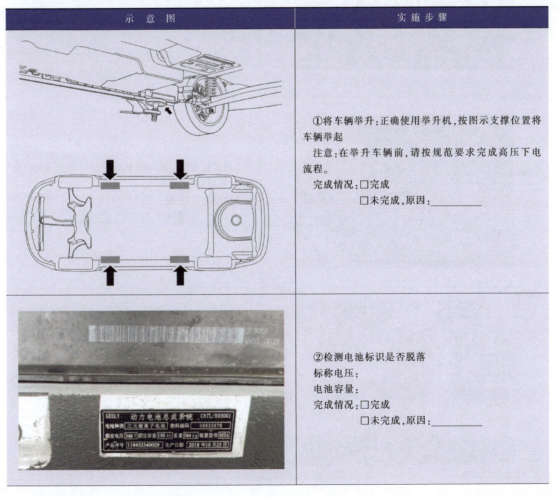	①将车辆举升：正确使用举升机，按图示支撑位置将车辆举起 注意：在举升车辆前，请按规范要求完成高压下电流程。 完成情况：□完成 　　　　　□未完成，原因：_____
	②检测电池标识是否脱落 标称电压： 电池容量： 完成情况：□完成 　　　　　□未完成，原因：_____

（续）

示　意　图	实　施　步　骤
检查动力电池托盘有无变形、磕碰，防撞梁有无损坏	③检查动力电池托盘有无涉水痕迹、变形、磕碰,防撞梁有无损坏,动力电池高低压连接器清洁度、腐蚀、破损、紧固情况 完成情况:□完成 　　　　　□未完成,原因:_____
按规定设置电池包托盘螺栓紧固力矩并进行紧固	④按规定力矩检查拧紧动力电池电池包紧固螺栓 标准力矩:_____ Nm 完成情况:□完成 　　　　　□未完成,原因:_____
检查动力电池高低压线束连接器有无松动、破损、烧蚀、异物情况	⑤检查动力电池高低压插接件是否变形、松脱、腐蚀、异位等情况 完成情况:□完成 　　　　　□未完成,原因:_____
检查高压线束状态,在动力总成端验电,电压0V正常	⑥断开高压线束,测量动力电池包输出电压,正常情况下应该为0V 测量值:_____ V 完成情况:□完成 　　　　　□未完成,原因:_____

（续）

示 意 图	实 施 步 骤
测量电池包接地电阻，0Ω正常	⑦动力电池接地线紧固及接地电阻情况 a. 力矩：_____ Nm b. 接地电阻： 实测值： 标准值：<1Ω 完成情况：□完成 　　　　　□未完成，原因：_____
	⑧动力电池绝缘性检查（绝缘电阻） a. 绝缘测试仪选择电压 b. 动力电池供电线路 a）1号端子与车身接地之间 实测值： 标准值：≥20MΩ b）2号端子与车身接地之间 实测值： 标准值：≥20MΩ 完成情况：□完成 　　　　　□未完成，原因：_____
	⑨安装高压线束，降低车辆，恢复高压系统，读取动力电池系统相关数据流 a. 单体电池电压 最大：　　　　　　最小： b. 电池包温度 最大：　　　　　　最小： c. 电池总电压： d. SOC： 完成情况：□完成 　　　　　□未完成，原因：_____
工具设备复位，现场执行5S管理 拆下车内三件套	⑩完成后执行5S管理 完成情况：□完成 　　　　　□未完成，原因：_____

拆装动力电池组

任务2　拆装动力电池组

▶▶▶ 任务引入

　　一辆纯电动汽车，行驶里程为 87000km，因发生追尾事故，电池警告灯点亮，仪表显示屏显示动力电池故障，无法上高压，经 4S 店检查后确认动力电池故障，需要将动力电池组拆卸后进行进一步检查。你知道如何安全规范的进行动力电池组拆装吗？

▶▶▶ 任务目标

1. 能对车辆进行正确诊断，并对诊断数据做出正确结论。
2. 能执行维修手册作业流程和要求，通过小组合作实施更换动力电池。

▶▶▶ 知识链接

一、车辆诊断程序

　　1）把车开进维修车间。

　　2）检查低压辅助蓄电池电压。标准电压值为 12～14V。如果电压值低于 12V，在进行下一步之前请充电或更换蓄电池。

　　3）整车接通 ON 档电，进入电池管理系统故障代码诊断。

　　吉利帝豪 EV450 的动力电池管理系统故障码见表 3-2，比亚迪 e5 的动力电池管理系统故障码见表 3-3。

表 3-2　吉利帝豪 EV450 的动力电池管理系统故障码

故障代码	故障描述/条件	故障部位/排除方法
U0AC47D	A-CAN 总线故障	BMS 通信线路故障
U0AC486	BMS 的 CAN 网络中断	
U0AE400	SCAN 总线故障	
U014287	VCU 通信丢失	
U014387	VCU 通信丢失(仅在慢充检测)	
P21F10E	主正继电器粘连故障	电池包内部(更换主正继电器)
P21F10B	主负继电器粘连故障	电池包内部(更换主负继电器)
P21F10C	直流充电继电器粘连故障	电池包内部(更换充电正端继电器)
P21F06A	主正继电器无法闭合故障	电池包内部(更换主正继电器)
P21F06B	主负继电器无法闭合故障	电池包内部(更换主负继电器)
P21F06C	直流充电继电器无法闭合故障	电池包内部(更换充电正端继电器)
P21F06D	预充继电器无法闭合故障	电池包内部(更换预充继电器)
P21F601	充电继电器老化	电池包内部(更换充电继电器)
P21F602	主负继电器老化	电池包内部(更换主负继电器)
P21F603	主正继电器老化	电池包内部(更换主正继电器)
P21F604	预充继电器老化	电池包内部(更换预充继电器)

（续）

故障代码	故障描述/条件	故障部位/排除方法
P21F10F	放电电流过大（可操作级别）	电池包内/外部（重新上下电流）
P21F118	放电电流过大（质保级别）	
P21F111	放电电流过大（安全级别）	
P21F112	充电电流过大（安全级别）	
P21F114	充电电流过大（质保级别）	
P21F115	充电电流过大（可操作级别）	
P21F113	电流传感器故障	电池包内部（更换电流传感器）
P21E01C	电流传感器采样异常	电池包内部（重新上下电流,不恢复,更换电流传感器）
P21F122	单体欠压（可操作级别）	电池包内部（重新上下电源）
P21F123	单体欠压（安全级别）	
P21F124	单体欠压（安全级别）	
P21F125	单体欠压（质保级别）	
P21F126	单体欠压（质保级别）	
P21F127	电池包总电压过压	
P21F128	电池包总电压欠压	
P21F12A	高压互锁断路故障	电池包内部（检查电池包内部高压线路哪里短接到电源）
P21F12C	高压互锁短路到电源故障	电池包内部（检查电池包内部高压线路哪里短接到地）
P21F12D	高压互锁短路到地故障	检查外部快充、主回路、MSD 高压连接器插件和内外部高压线路
P21F12E	高压回路断路	
P21F070	CSC 的 CAN 报文丢失	电池包内部（电池包内部通信异常,检测 CAN 通信）
P21F080	CSC 采样线掉线或松动	电池包内部（检测 CSC 采样线松动或掉线）
P21E010	SOC 不合理	电池包内部（根据详细 DTC 故障码处理,包括 CSC wakeup 电流短路、CSC PCB 板载温度过高、均衡回路故障）
P21F179	电池温度高于可操作温度的上限值	—
P21F17A	电池温度低于可操作温度的下限值	电池内部（重新上下电）
P21F17B	电池温度高于质保温度的上限值	
P21F17D	电池温度高于安全温度的上限值	
P21F17E	电池温度低于质保温度的下限值	
P21F17F	电池温度不合理（安全级别）	电池包内部（电池温度异常）
P21F710	CSC 采样线松动	电池包内部（检测 CSC 采样线松动或掉线）
P21F180	电池老化:电池健康状态过低（警告级别）	电池内部（单体电池有老化,建议更换电池包）
P21F181	电池老化:电池健康状态过低（故障级别）	

（续）

故障代码	故障描述/条件	故障部位/排除方法
P21F186	单体电池电压严重不均衡(最严重)	电池包内部(单体电池已严重不均衡,建议更换电池包)
P21F048	单体电池极限过压	
P21F300	电压传感器故障	
P21F301	温度传感器故障(严重)	电池内部(更换 CSC 采样线或模组线或 CSC)
P21E025	充电故障:快充设备故障	检查外部快充、主回路、MSD 高压连接器插件和内外部高压线路
P21E026	充电故障:车载充电机故障	
P21E02A	整车非期望的整车停止充电	
P21F711	均衡停止原因:CSC Wake up 电流短路	
P21F713	均衡停止原因:均衡回路故障	
P21F401	继电器外侧高压大于内侧高压	
P21F311	连续预充失败超过最大次数	
P21E01B	充电机与 BMS 功率不匹配故障(无法充电)	检查充电机和 BMS,更换合适的充电机或 BMS
P21F13E	预充电流过大	电池内部(检查预充电阻是否过小)
P21F501	充电时放电电流大于 30A	
P21F13F	预充电流反向	
P21F140	预充时间过长	
P21F049	单体电池极限欠压	
P21F142	预充短路	
P21F024	BMS 的 12V 供电电源电压过低故障	—
P21F025	BMS 的 12V 供电电源电压过高故障	
P21F026	BMS 非预期的下电故障	电池包内部(BMS 异常下电,重新上电)
P21F027	BMS 非预期的重启故障	电池包内部(BMS 异常启动,重新上电)
P21E135	上高压过程中传感器失效	电池包内部(重新上电)
P21E141	VCU6 级故障响应超时	电池包内部(重新上电)
P21F028	ROM 自检失败	电池包内部(重新上电,不恢复更换 BMS)
P21F029	RAM 自检失败	
P21F02A	高压继电器闭合的前提下,绝缘故障(最严重)	动力电池绝缘阻值检测
P21F02B	高压继电器断开的前提下,绝缘故障(最严重)	电池包内部(检查电池包绝缘)
P21F02C	绝缘测量故障	电池包内部(更换 BMS)
P21E110	热管理故障:入水口温度传感器故障	加热芯温度传感器更换
P21E111	热管理故障:出水口温度传感器故障	蒸发器温度传感器更换

表 3-3 比亚迪 e5 动力电池管理系统故障码

故障码	描 述	应检查部位
P1A0000	严重漏电故障	检查动力电池、四合一、加热器、空调压缩机和 PTC

（续）

故障码	描　　述	应检查部位
P1A0100	一般漏电故障	检查动力电池、四合一、加热器、空调压缩机和 PTC
P1A0200	BIC1 工作异常故障	采集器 1
P1A0300	BIC2 工作异常故障	采集器 2
P1A0400	BIC3 工作异常故障	采集器 3
P1A0500	BIC4 工作异常故障	采集器 4
P1A0600	BIC5 工作异常故障	采集器 5
P1A0700	BIC6 工作异常故障	采集器 6
P1A0800	BIC7 工作异常故障	采集器 7
P1A0900	BIC8 工作异常故障	采集器 8
P1A0A00	BIC9 工作异常故障	采集器 9
P1A0B00	BIC10 工作异常故障	采集器 10
P1A9800	BIC11 工作异常故障	采集器 11
P1A9900	BIC12 工作异常故障	采集器 12
P1A9A00	BIC13 工作异常故障	采集器 13
P1A0C00	BIC1 电压采样异常故障	电池模组 1：软件会自己屏蔽掉，无需处理，若无法屏蔽则需要更换电池模组
P1A0D00	BIC2 电压采样异常故障	电池模组 2：软件会自己屏蔽掉，无需处理，若无法屏蔽则需要更换电池模组
P1A0E00	BIC3 电压采样异常故障	电池模组 3：软件会自己屏蔽掉，无需处理，若无法屏蔽则需要更换电池模组
P1A0F00	BIC4 电压采样异常故障	电池模组 4：软件会自己屏蔽掉，无需处理，若无法屏蔽则需要更换电池模组
P1A1000	BIC5 电压采样异常故障	电池模组 5：软件会自己屏蔽掉，无需处理，若无法屏蔽则需要更换电池模组
P1A1100	BIC6 电压采样异常故障	电池模组 6：软件会自己屏蔽掉，无需处理，若无法屏蔽则需要更换电池模组
P1A1200	BIC7 电压采样异常故障	电池模组 7：软件会自己屏蔽掉，无需处理，若无法屏蔽则需要更换电池模组
P1A1300	BIC8 电压采样异常故障	电池模组 8：软件会自己屏蔽掉，无需处理，若无法屏蔽则需要更换电池模组
P1A1400	BIC9 电压采样异常故障	电池模组 9：软件会自己屏蔽掉，无需处理，若无法屏蔽则需要更换电池模组
P1A1500	BIC10 电压采样异常故障	电池模组 10：软件会自己屏蔽掉，无需处理，若无法屏蔽则需要更换电池模组
P1AA200	BIC11 电压采样异常故障	电池模组 11：软件会自己屏蔽掉，无需处理，若无法屏蔽则需要更换电池模组

（续）

故障码	描　　述	应检查部位
P1AA300	BIC12 电压采样异常故障	电池模组 12:软件会自己屏蔽掉,无需处理,若无法屏蔽则需要更换电池模组
P1AA400	BIC13 电压采样异常故障	电池模组 13:软件会自己屏蔽掉,无需处理,若无法屏蔽则需要更换电池模组
P1A2000	BIC1 温度采样异常故障	采集器 1
P1A2100	BIC2 温度采样异常故障	采集器 2
P1A2200	BIC3 温度采样异常故障	采集器 3
P1A2300	BIC4 温度采样异常故障	采集器 4
P1A2400	BIC5 温度采样异常故障	采集器 5
P1A2500	BIC6 温度采样异常故障	采集器 6
P1A2600	BIC7 温度采样异常故障	采集器 7
P1A2700	BIC8 温度采样异常故障	采集器 8
P1A2800	BIC9 温度采样异常故障	采集器 9
P1A2900	BIC10 温度采样异常故障	采集器 10
P1AAC00	BIC11 温度采样异常故障	采集器 11
P1AAD00	BIC12 温度采样异常故障	采集器 12
P1AAE00	BIC13 温度采样异常故障	采集器 13
P1A2A00	BIC1 均衡电路故障	采集器 1
P1A2B00	BIC2 均衡电路故障	采集器 2
P1A2C00	BIC3 均衡电路故障	采集器 3
P1A2D00	BIC4 均衡电路故障	采集器 4
P1A2E00	BIC5 均衡电路故障	采集器 5
P1A2F00	BIC6 均衡电路故障	采集器 6
P1A3000	BIC7 均衡电路故障	采集器 7
P1A3100	BIC8 均衡电路故障	采集器 8
P1A3200	BIC9 均衡电路故障	采集器 9
P1A3300	BIC10 均衡电路故障	采集器 10
P1AB600	BIC11 均衡电路故障	采集器 11
P1AB700	BIC12 均衡电路故障	采集器 12
P1AB800	BIC13 均衡电路故障	采集器 13
P1A3400	预充失败故障	检查动力电池、高压配电箱、电机控制器与 DC 总成、空调压缩机和 PTC 高压线束、漏电传感器
P1A3522	电池单体电压严重过高	动力电池
P1A3622	电池单体电压一般过高	动力电池
P1A3721	电池单体电压严重过低	动力电池
P1A3821	电池单体电压一般过低	动力电池

（续）

故障码	描述	应检查部位
P1A3922	动力电池温度严重过高	动力电池
P1A3A22	动力电池温度一般过高	动力电池
P1A3B21	动力电池温度严重过低	动力电池
P1A3C00	动力电池温度一般过低	动力电池
P1A3D00	负极接触器回检故障	电池管理器低压线束、高压电控总成
P1A3E00	主接触器回检故障	电池管理器低压线束、高压电控总成
P1A3F00	预充接触器回检故障	电池管理器低压线束、高压电控总成
P1A4000	充电接触器回检故障	电池管理器低压线束、高压电控总成
P1A4100	主接触器烧结故障	
P1A4200	负极接触器烧结故障	电池包
P1A4300	电池管理器+15V供电过高故障	电池管理器、蓄电池
P1A4400	电池管理器+15V供电过低故障	电池管理器、蓄电池
P1A4500	电池管理器-15V供电过高故障	电池管理器、蓄电池
P1A4600	电池管理器-15V供电过低故障	电池管理器、蓄电池
P1A4700	交流充电感应信号断线故障	高压电控总成、电池管理器、低压线束
P1A4800	主电机开盖故障	高压电控总成
P1A4900	高压互锁自检故障	电池管理器、高压电控总成、低压线束
P1A4A00	高压互锁一直自检为高信号故障	电池管理器、高压电控总成、低压线束
P1A4B00	高压互锁一直自检为低信号故障	电池管理器、高压电控总成、低压线束
P1A4C00	漏电传感器失效故障	漏电传感器、高压电控总成、低压线束
P1A4D00	电流霍尔传感器故障	霍尔传感器

4）针对故障进行调整、维修或更换。

5）若确定动力电池有问题需要维修，请在厂家的指导下更换电池，按下述步骤进行拆卸更换。

二、操作规程

1）动力电池就车检修及拆装等带电作业，需设立专职监护人。监护人监督作业全过程（包括人员组成、工具、劳保用品、器材是否符合要求），并对作业结果进行检查，指挥上电。

2）监护人要认真负责，确保作业安全，否则在发生安全责任事故时要承担责任。

3）监护人需有丰富电气维修经验，需持有低压电工特种作业操作证和汽车维修相关证书且经考核合格后方能上岗。

4）在进行较复杂或较危险的作业时，监护人要按流程指挥操作，作业人在做完一个操作后要告知监护人。监护人要在作业流程单上做标记确认。

5）操作人员必须佩戴必要的劳保用品。如：绝缘手套、绝缘胶鞋等，其电压等级必须大于需要测量的最高电压。用前需检查劳保用品是否完好无损，确保安全。

6）操作人员在组装、调试、检修动力电池高压部件时，必须两人以上作业并由监护人监督。

7）操作人员进行作业时必须单手操作，原则上不允许带电操作。如：保证所使用的测量仪表至少有一根表笔线上配备绝缘鳄鱼夹，测量时一只手把夹子夹到电路的一个端子，另一只表笔接到另一个端子测量读数。每次测量时只能用一只手握住表笔线或车的地线。

8）操作人员在作业中，对所拆除的高低压系统电线要妥善处理，包好裸露出的电线头，以防触电或酿成其他事故。

9）更换高压回路器件，一定要按原车设计要求的容量更换。

10）在检修高压系统时，车辆必须处于OFF位，直至检修完毕。使用万用表检测高压电路（例如高压电容及其回路）时，需确保无电。在操作时应当严格遵守电气作业操作规程及相应检测工具使用要求，以防高压系统内器件损坏而带电，造成触电事故。

11）动力电池高压系统在调试或检修完毕后，需由监护人检查能否上电。该监护人要仔细检查电路是否符合要求，并且检查现场工作人员是否在安全距离以外，然后在专用检查单上签字确认，指挥通电。

12）发生异常事故和火灾时，操作人员应立即切断高压回路，其他人员立即使用干粉灭火器及黄沙扑救，严禁用水剂灭火器。

三、动力电池更换基本步骤（以比亚迪 e5 为例）

1）将车辆下电至OFF位，断开12V蓄电池负极，等待5min，目的是让电机控制器电容放电。

2）拆开中间储物盒盖板，佩戴绝缘手套，拔掉维修开关，如图3-4所示。

3）用举升机将整车升起到合适的高度，使用动力电池举升机支撑电池包。

4）佩戴绝缘手套，拔下电池包的电池信息采样通信接插件，然后拔下直流母线接插件，如图3-5所示。拆装高压接口时，注意锁止机构锁片的字母提示，锁片处于OPEN位置才可拆装。

图3-4　拔掉维修开关

图3-5　拔下直流母线接插件

5）拔下冷却液管路接头，并按规定要求回收冷却液。如图3-6所示。

液冷管出水口接头　　液冷管进水口接头

图3-6　拔下冷却液管路接头

6) 使用 18mm 套筒卸掉托盘周边紧固件，卸下动力电池包。

7) 佩戴绝缘手套，用万用表测试新的动力电池包母线是否有电压输出，如果没有电压输出就可以更换装车。

8) 佩戴绝缘手套，将新的动力电池包放到电池包举升设备上，并拔出维修开关。

9) 举升过程中，使用工具做导向，使电池包安装孔位对准。

10) 佩戴绝缘手套，安装托盘的紧固件，力矩为 125±5Nm。

11) 佩戴绝缘手套，接动力电池包直流母线接插件，然后接电池信息采样通信线接插件，接上液冷管路对接接头。

12) 佩戴绝缘手套，插上维修开关，装好中间储物盒盖板。

13) 更换电池包时，根据电池包出货检验报告单上的数据标定电池容量和 SOC，上电确认，车辆无故障返修完毕，入库要求车辆 SOC≥30%，如 SOC<30%，需进行充电。

14) 打开前舱，加电池冷却液（要求加注原厂提供的冷却液），同时使用 VDS 起动液冷水泵。液体加注到液冷最大位置。

15) 起动上电，车辆正常，车辆行驶 5km，然后检查电池冷却液是否下降，如果不下降，更换完毕。如果冷却液下降，需要补加电池冷却液。

》》》 任务实施

任务内容：动力电池总成拆装

1. 任务准备

1) 安全防护装备：绝缘手套、安全警示标识。

2) 车辆、台架：北汽新能源、比亚迪 e5 和 e6、吉利新能源实训整车。

3) 专用工具：万用表、绝缘拆装工具、解码仪、兆欧表等。

2. 安全注意事项

1) 判断车辆是否安全。为保证工作人员的安全，需要确定车辆属于安全车辆。

2) 遵守电动汽车的操作安全提示。

3) 无压状态下切换高压系统。

4) 确认组合仪表中高压系统已经退出工作。

5) 穿戴绝缘保护用品。穿戴好绝缘手套、绝缘鞋，如果需要拆装高压用电设备，应使用专用绝缘工具。

3. 实施步骤

示 意 图	实 施 步 骤
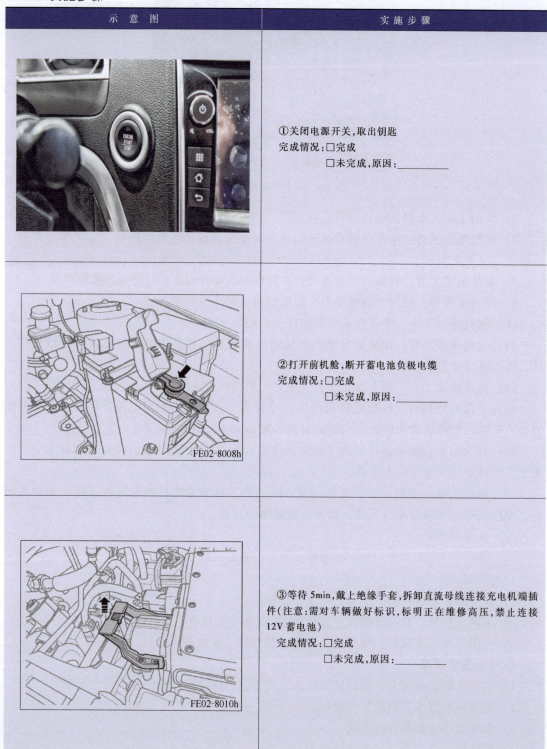	①关闭电源开关,取出钥匙 完成情况:□完成 　　　　　□未完成,原因:_____ ②打开前机舱,断开蓄电池负极电缆 完成情况:□完成 　　　　　□未完成,原因:_____ ③等待5min,戴上绝缘手套,拆卸直流母线连接充电机端插件(注意:需对车辆做好标识,标明正在维修高压,禁止连接12V蓄电池) 完成情况:□完成 　　　　　□未完成,原因:_____

FE02-8008h

FE02-8010h

（续）

示 意 图	实 施 步 骤
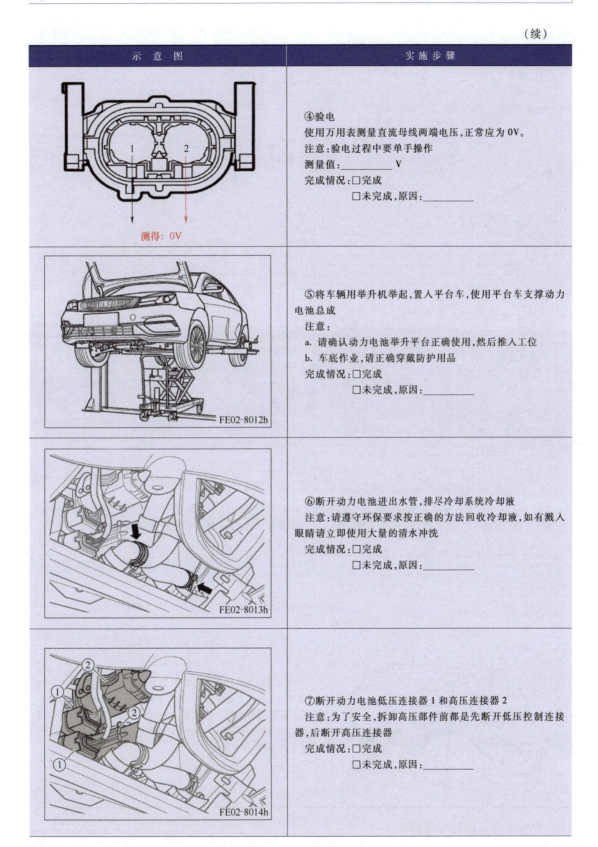 测得：0V	④验电 使用万用表测量直流母线两端电压，正常应为0V。 注意：验电过程中要单手操作 测量值：＿＿＿＿＿＿ V 完成情况：□完成 　　　　　□未完成，原因：＿＿＿＿＿＿
FE02-8012h	⑤将车辆用举升机举起，置入平台车，使用平台车支撑动力电池总成 注意： a. 请确认动力电池举升平台正确使用，然后推入工位 b. 车底作业，请正确穿戴防护用品 完成情况：□完成 　　　　　□未完成，原因：＿＿＿＿＿＿
FE02-8013h	⑥断开动力电池进出水管，排尽冷却系统冷却液 注意：请遵守环保要求按正确的方法回收冷却液，如有溅入眼睛请立即使用大量的清水冲洗 完成情况：□完成 　　　　　□未完成，原因：＿＿＿＿＿＿
FE02-8014h	⑦断开动力电池低压连接器1和高压连接器2 注意：为了安全，拆卸高压部件前都是先断开低压控制连接器，后断开高压连接器 完成情况：□完成 　　　　　□未完成，原因：＿＿＿＿＿＿

（续）

示　意　图	实　施　步　骤
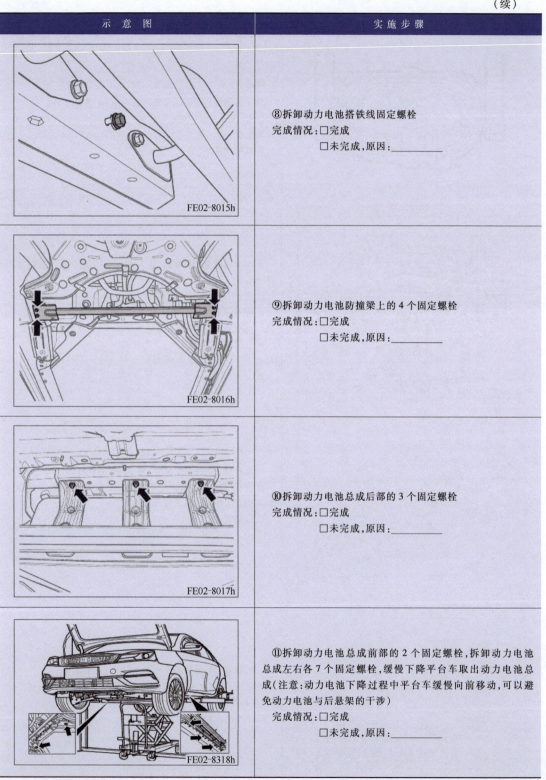FE02-8015h	⑧拆卸动力电池搭铁线固定螺栓 完成情况：□完成 　　　　　□未完成，原因：_____
FE02-8016h	⑨拆卸动力电池防撞梁上的4个固定螺栓 完成情况：□完成 　　　　　□未完成，原因：_____
FE02-8017h	⑩拆卸动力电池总成后部的3个固定螺栓 完成情况：□完成 　　　　　□未完成，原因：_____
FE02-8318h	⑪拆卸动力电池总成前部的2个固定螺栓，拆卸动力电池总成左右各7个固定螺栓，缓慢下降平台车取出动力电池总成（注意：动力电池下降过程中平台车缓慢向前移动，可以避免动力电池与后悬架的干涉） 完成情况：□完成 　　　　　□未完成，原因：_____

安装步骤与拆卸步骤相反。

单体电池的
性能检测

任务3　单体电池的性能检测

任务引入

一辆纯电动汽车，客户反映车辆无法行驶，经维修人员检查显示仪表动力电池故障灯、MIL灯点亮，读取故障码显示"P118822单体电池过压"故障。现在车间主管安排你完成此任务，你应该如何处理呢？

任务目标

1. 能叙述单体电池故障的原因。
2. 能使用专用工具对单体电池做性能检测。

知识链接

一、新能源汽车对动力电池的基本要求

作为电动汽车的主要能量来源，电动汽车动力电池需要满足以下基本要求：

1. 能量密度大，比能量高

比能量是指电池单位质量或单位体积所能输出的电能，单位分别为Wh/kg或Wh/L。比能量越高，电动汽车的续驶里程就越大，为了提高电动汽车的续驶里程，要求电动汽车动力电池的比能量大。

2. 功率密度大，比功率高

电动汽车行驶过程中在加速工况或大负荷工况时，要求电机有较大的转矩输出，大转矩的获得需要有较大的电流来驱动电机转动，这就要求动力电池有足够的电流输出能力，从而满足电动汽车的加速行驶和具有一定的负载能力。

3. 充放电效率高，循环寿命长

充电时，电动汽车动力电池需要外部或内部进行电能的补充，将电能转化为化学能储存起来；放电时，动力电池将自身的化学能转化为电能储存在电池内。为了有效地利用能量，需要较高的充放电效率。

动力电池需要不停地充、放电，这就要求其具有较长的循环寿命。

4. 相对稳定性好

动力电池能够稳定地工作，理想的动力电池应不随剩余电量的变化而发生输出电压或输出电流的变化。

5. 成本低，使用寿命长

从电动汽车的成本构成看，电池驱动系统占据了新能源汽车成本的30%~50%，降低动力电池的成本就意味着降低电动汽车的成本，同时，较长时间的使用寿命意味着较低的用车成本。

6. 安全性好，适应车辆运行环境

动力电池一般安装在车辆底部或侧面，其在工作中的安全性对驾驶人和乘客的生命有着重要意义。另外，车辆在运行中的颠簸、道路环境的恶化等也对动力电池的安全有较高的要求。

总体来看，提高功率密度、能量密度，延长使用寿命以及降低成本一直是电动汽车动力电池技术研发的核心。

二、新能源汽车动力电池单体电池故障原因分析

单体电池的故障模式可分为安全性故障和非安全性故障。

1. 单体电池安全性故障分析

（1）单体电池内部正负极短路 电池内部短路是由单体电池内部引起的，引起电池内部短路的原因有很多，可能是由于单体电池生产过程中的缺陷导致或是因为长期振动外力导致单体电池变形。一旦发生严重内部短路，无法控制，外部熔丝不起作用，肯定会发生冒烟或燃烧。如果遭遇到该情况，我们能做的就是第一时间通知车上人员逃生。对于电池内部短路问题，目前为止电池厂家没有办法在出厂时100%将有可能发生内部短路的单体电池筛选出来，只能在后期充分做好检测将发生内部短路的概率降低。

（2）单体电池漏液 单体电池漏液是非常危险的，也是非常常见的失效模式。电动汽车着火的事故很多都是因为电池漏液造成的。电池漏液的原因有：外力损伤；碰撞、安装不规范造成密封结构被破坏；焊接缺陷、封合胶量不足等制造原因造成密封性能不好等。电池漏液后整个电池包绝缘失效，单点绝缘失效问题不大，如果有两点或以上绝缘失效会发生外部短路。从实际应用情况来看，与软包和塑壳单体电池相比，金属壳电芯更容易发生漏液情况导致绝缘失效。

（3）电池负极析锂 电池使用不当、过充电、低温充电、大电流充电都会导致电池负极析锂。国内大部分厂家生产的磷酸铁锂或三元锂电池在0℃以下充电都会发生析锂，0°以上根据单体电池特性只能小电流充电。发生负极析锂后，锂不可还原，导致电池容量不可逆衰减。当析锂达到严重程度时，形成锂枝晶，刺穿隔膜发生内部短路，所以动力电池在使用时应该严禁低温下充电。

（4）单体电池胀气鼓胀 产生胀气的原因很多，主要是因为电池内部发生副反应产生气体，最为典型的是与水发生的副反应。胀气问题可以通过在单体电池生产过程严格控制水分避免。一旦发生电池胀气就会发生漏液等情况。

以上几种失效模式是非常严重的问题，可能会造成人员伤亡。电池使用1~2年没有问题，并不代表这个电池以后没有问题，使用越久的电池失效的风险越大。

2. 电池的非安全性故障分析

（1）容量一致性差 动力电池的不一致性通常是指一组电池内单体电池的剩余容量差异过大、电压差异过大，引起电池续航能力变差。引起电池一致性变差的原因是多方面的，包括电池的生产制造工艺、电池的存放时间、电池组充放电期间的温度差异、充放电电流大小等。目前的解决方法主要是通过提高电池的生产制造工艺控制水平，从生产尽可能保证电池的一致性，使用同一批次电池进行配组。这种方法有一定效果，但无法根治，电池组使用一段时间后一致性差的问题还会出现，电池组发生不一致性问题后，如果不能及时处理，问题会更加严重，甚至会发生危险。

（2）自放电过大 电池制造时混入的杂质造成的微短路引起的不可逆反应是造成个别电池自放电偏大的最主要原因。大多电池生产厂家对电池的微小自放电都可忽略，由于电池在长时间的充放电及搁置过程中，随环境条件发生化学反应，引起电池自放电大，这使电池电量降低，性能低下，不能满足使用需求。

（3）低温放电容量减少 随着温度的降低，电解液低温性能不好，参与反应不够，电

解液电导率降低而导致电池电阻增大，电压平台降低，容量也降低。目前各厂家电池在-20℃下的放电容量基本是额定容量的70%~75%。低温下电池放电容量减少，且放电性能差，影响电动汽车的使用性能和续驶里程。

（4）电池容量衰减　电池容量衰减主要来自于活性锂离子的损失以及电极活性材料的损失。正极活性材料层状结构规整度下降，负极活性材料上沉积钝化膜，石墨化程度降低，隔膜孔隙率下降，导致电池电荷传递阻抗增大。脱嵌锂能力下降，从而导致容量的损失。电池容量衰减是电池不可避免的问题，但是目前电池厂家首要应该解决前面安全性失效问题和电池一致性问题，在这个基础上再考虑延长电池的循环寿命。

三、动力电池单体的性能检测

动力电池性能指标的常用检测方法包括荷电状态（SOC）、内阻、容量、循环寿命、一致性等。

1. 荷电状态检测

电池的荷电状态（SOC）被用来反映电池的剩余容量状况，这是目前国内外比较统一的认识，其数值上定义为电池剩余容量占电池容量的比值。荷电状态（SOC）是动力电池重要的技术参数，只有准确知道电池的荷电状态，才能更好地使用电池。因为电池组的SOC和很多因素相关且具有很强的非线性，从而给荷电状态实时在线估算带来很大的困难，还没有一种方法能十分准确地测量电池的荷电状态。目前荷电状态主要的测量方法有开路电压法、安时积分法、内阻法等。

1）开路电压法。利用电池的开路电压与电池SOC的对应关系，通过测量电池的开路电压来估算SOC。开路电压法比较简单，适用于测试稳定状态下的电池SOC，不能用于动态的电池SOC估算。

2）安时积分法。安时积分法是通过负载电流的积分估算SOC，该方法实时测量充入电池和从电池放出的电量，从而能够给出电池任意时刻的剩余电量。实现起来较简单，受电池本身情况的限制小，宜于发挥实时监测的优点，简单易用、算法稳定，是目前电动汽车上使用最多的SOC估算方法，如图3-7所示。

3）内阻法。电池的SOC与电池的内阻有一定的关系，可以利用电池内阻与SOC的关系来预测电池的荷电状态。如图3-8所示是电池内阻测试仪。

2. 内阻检测

内阻是电池最为重要的特性参数之一，绝大部分老化的电池都是因为内阻过大而无法继续使用。通常电池的内阻阻值很小，一般用毫欧（mΩ）来度量。不同电池的内阻不同，型号相同的电池由于内部的电化学性能不一致所以内阻也不同。对于电动汽车动力电池而言，电池的放电倍率很大，在设计和

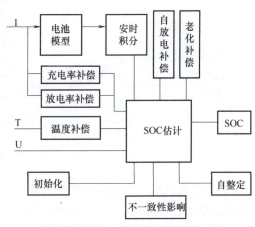

图 3-7 安时积分法常规估算模型

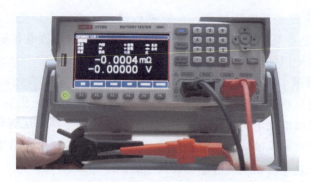

图 3-8   电池内阻测试仪

使用过程中应尽量减小电池的内阻，确保电池能够发挥其最大功率特性。

锂离子电池的内阻不是固定不变的常数，在其使用过程中主要受荷电状态（SOC）和温度等因素的影响。通过大量的试验得出，锂离子电池的内阻值随锂离子电池容量的降低而升高，也就是说，当锂离子电池不断地老化，容量不断地降低时，锂离子电池的内阻会不断加大。因为内阻是反映电池内部的参数，电池的内阻已被公认是准确而快速的判断电池健康状况的重要参数。关于内阻与容量的结论是：当电池的内阻大于初始值的 25% 时，电池将无法通过容量测试。当电池的内阻大于初始值的 2 倍时，电池容量将在其额定容量的 80%以下。

内阻测量是一个比较复杂的过程，目前主要有两种方法，即直流放电法和交流阻抗法。

1）直流放电法。直流放电法是对动力电池进行瞬间大电流放电（一般为几十到上百安培），然后测量电池两端的瞬间压降，再通过欧姆定律计算出电池内阻。如图 3-9 所示为内阻测试。

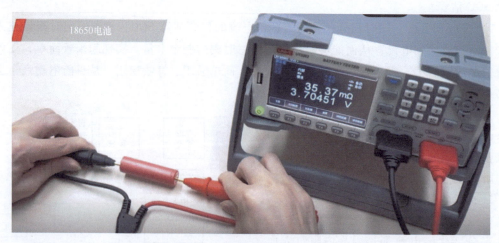

图 3-9   电池内阻测试

2）交流阻抗法。交流阻抗法是一种以小幅值的正弦波电流或者电压信号作为激励源，注入动力电池，通过测定其响应信号来推算电池内阻。该方法的优点在于测量时间较短，不会因大电流放电对电池本身造成太大的损害。

3. 容量检测

电池容量是指在一定条件下（放电倍率、环境温度、终止电压等）电池放出的电量，即电池存储电量的大小，是电池一个重要的性能指标。容量通常以 Ah 表示。安时是国内外标准中容量通用表示方法，延续电动汽车电池的概念，表示一定电流下电池的放电能力，常用于电动汽车电池。如图 3-10 所示是电池容量测试仪与测试方法。

电池容量测试的标准流程为：放电阶段→搁置阶段→充电阶段→搁置阶段→放电阶段。具体是用专用的电池充放电设备，在特定温度条件下，蓄电池以设定好的电流放电，直至蓄电池电压达到技术规范或产品说明书中规定的放电终止电压时停止放电，静置一段时间，然后再进行充电。

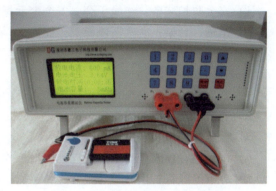

图 3-10　电池容量测试仪与测试方法

充电一般分为两个阶段，先以固定电流恒流充电，至蓄电池电压达技术规范或产品说明书中规定的充电终止电压时转恒压充电，此时充电电流逐渐减小，充电电流降至某一值时停止充电，充电完成后静置一段时间。在设定好的环境下，蓄电池以固定的电流放电，直到放电终止电压为止，用电流值对放电时间进行积分计算出容量（以 Ah 计）。

4. 寿命检测

电池在使用过程中，容量会逐渐损失，导致锂离子电池容量损失的原因有很多，有材料方面的原因，也有生产工艺方面的因素。一般认为，当蓄电池用至只能充满原有电容量 80% 的时候，就不再适合继续做动力电池使用，可以进行梯次利用、回收、拆解和再生。

电池的寿命有循环寿命和日历寿命之分，其中应用最多的是循环寿命。

常规的循环寿命测试方法基本上就是容量测试充放电过程的循环，典型的方法如下：将蓄电池充满电，蓄电池在特定温度和电流下放电，直到放电容量达到预先设定的某一数值，如此连续重复若干次；再将电池充满电，将电池充电至充电终止电压并检查其容量。如果蓄电池容量小于额定容量的 80% 则终止试验，充放电循环在规定条件下重复的次数为循环寿命。

5. 一致性检测

电池容量分为电芯的容量和电池组的容量，在现有的动力电池技术水平下，电动汽车必须使用多块电池构成的电池组来满足使用要求。由于同一类型、同一规格、同一型号电池在开路电压、内阻、容量等方面的参数值存在差别，即电池性能存在不一致性，导致动力电池组在电动汽车上使用时，性能指标往往达不到电芯原有水平，使用寿命缩短，严重影响其在电动汽车上的应用，因此有必要对电池组的一致性进行测试与评价。

电池开路电压间接地反映了电池的某些性能，保证电池开路电压的一致，是保证性能一致的一个重要方面。一般采用的方法是将电池静置数十天，测其满荷电状态下储存的自放电率以及满荷电状态下不同储存期内电池的开路电压，通过观察自放电率和电压是否一致来对电池的一致性进行评价。容量是体现电池性能的一个重要参数，可按标准的容量测试流程计算容量，再根据容量及分布对一致性进行评价，这种方法具有操作简单、设备便宜、厂家易于实施等特点。但工作状态和使用环境不同，都会引起电池电压、容量特性的变化，在指定条件下的容量一致，并不能保证电池在实际充放电过程中保持一致。

》》任务实施

任务内容：动力电池电芯的性能检测

1. 任务准备

1）安全防护装备：绝缘手套、安全警示标识。

2）车辆、台架：北汽新能源、比亚迪 E5 和 E6、吉利新能源的动力电池或实训台架。

3）专用工具：万用表、绝缘拆装工具。

2. 安全注意事项

1）判断车辆是否安全　为保证工作人员的安全，需要确定车辆属于安全车辆。

2）遵守电动汽车的操作安全提示。

3）无压状态下切换高压系统。

4）确认组合仪表中高压系统已经退出工作。

5）穿戴绝缘保护用品　穿戴好绝缘手套、绝缘鞋，如果需要拆装高压用电设备，应使用专用绝缘工具。

3. 实施步骤

示 意 图	实 施 步 骤
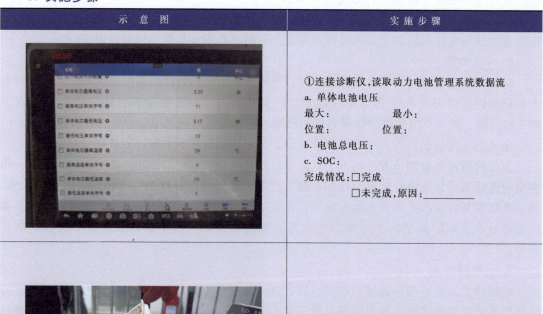	①连接诊断仪，读取动力电池管理系统数据流 a. 单体电池电压 最大：　　　　最小： 位置：　　　　位置： b. 电池总电压： c. SOC： 完成情况：□完成 　　　　　□未完成,原因:_____
	②关闭点火开关,断开蓄电池负极,等待 5min 后断开动力电池母线 完成情况:□完成 　　　　　□未完成,原因:_____

（续）

示　意　图	实　施　步　骤
 检查高压线束状态，在动力总成端验电，电压0V正常	③测量实训车辆或实训台架动力电池母线输出电压，确保无输出电压 测量值：＿＿＿＿　V 完成情况：□完成 　　　　　　□未完成，原因：＿＿＿＿＿＿
	④拆卸模组上护板 注意：使用绝缘工具和安全防护 完成情况：□完成 　　　　　　□未完成，原因：＿＿＿＿＿＿
	⑤测量一个模组内所有单体电池电压 测量值： 单体电池1：　　　　单体电池2： 单体电池3：　　　　单体电池4： 单体电池5：　　　　单体电池6： 完成情况：□完成 　　　　　　□未完成，原因：＿＿＿＿＿＿

（续）

示 意 图	实 施 步 骤
	⑥测量两个不同模组内所有动力电池单体电池内阻 模组 1： 单体电池 1：　　　　单体电池 2： 单体电池 3：　　　　单体电池 4： 单体电池 5：　　　　单体电池 6： 模组 2： 单体电池 1：　　　　单体电池 2： 单体电池 3：　　　　单体电池 4： 单体电池 5：　　　　单体电池 6： 完成情况：□完成 　　　　　□未完成，原因：_____ ⑦ 通过测量值，确认故障单体电池位置。 位置：_____号模组　　　_____号单体

项目四
动力电池管理系统故障维修

🔷 项目描述

动力电池管理系统（BMS）对于保障电动汽车电池组的安全及使用寿命，最大限度发挥电池系统效能具有重要作用。动力电池管理系统（BMS）对电芯电压、总电压、总电流和温度等进行实时监控采样，并将实时参数反馈给整车控制器。动力电池管理系统除了对电池性能参数进行监控、实施电性能管理以外，还具有以热管理为主的应用环境管理，对电池加热和冷却，确保电池的良好应用环境以及温度场的一致性。若动力电池管理系统发生故障，就失去了对电池的监控，不能估算电池的荷电状态，容易造成电池过充、过放、过载、过热以及不一致性问题的增加，影响电池的性能、使用寿命甚至行车安全。

动力电池管理系统（BMS）常见故障类型包括：CAN通信故障、BMS未正常工作、电压采集异常、温度采集异常、绝缘故障、内外总电压测量故障、预充电故障、无法充电、电流显示异常故障、高压互锁故障等。

通过对本项目的学习，能够了解动力电池管理系统的常见故障、熟悉故障产生的原因、掌握故障诊断与排除的方法。

🔷 项目目标

1. 能叙述动力电池管理系统的常见故障。
2. 能叙述动力电池管理系统的故障原因。
3. 能分析动力电池管理系统的检测方法。

任务1　检修动力电池管理系统电源及通信故障

检测动力电池管理系统电源及通信故障

≫ 任务引入

张先生有一辆吉利EV450纯电动汽车，早上起来发现车辆无法行驶，经检查发现仪表上亮起了动力电池故障灯，送到维修店经过初步检查，读取故障码为"U3472-87，动力CAN总线数据丢失"，初步判断为电池管理系统电源故障或通信故障，现在车间主管安排你完成此任务，你应该如何检修呢？

≫ 任务目标

1. 能叙述动力电池管理系统不工作的原因。

2. 能查阅维修手册，制订 BMS 供电及通信线路的检修计划。

3. 能通过小组合作执行维修手册标准，检修 BMS 电源及通信故障。

>>> 知识链接

动力电池系统是新能源汽车的动力源，如果动力电池系统出现故障，将导致汽车无法行驶，各种用电设备无法工作，因此及时排除动力电池系统故障是保证车辆正常行驶的先决条件。

一、动力电池的常见故障类型

动力电池系统支持在线诊断，当动力电池系统发生故障时，动力电池管理系统（BMS）将存储故障同时支持离线诊断，通过诊断仪与 BMS 通信，读取故障码。在动力电池系统中，按照故障发生的部位可以分为三类，即单体电池故障、电池管理系统故障、线路或插接器故障。

1. 单体电池故障

1）在电池组中有个别单体电池 SOC 偏低或 SOC 偏高。如果单体电池 SOC 偏低，则该电池在汽车行驶过程中，电压最先达到放电终止电压使得电池组实际容量降低，应对该单体电池进行补充充电。如果单体电池 SOC 偏高，则该电池在充电末期最先达到充电终止电压，影响充电容量，需对该单体电池进行补充放电。

2）单体电池容量不足和单体电池内阻偏大。在电池组中，最小的单体电池容量也限制了整个电池组的容量，因此发生单体电池容量不足故障会影响车辆续驶里程。锂离子电池内阻过大，会严重影响电池的电化学性能，如充放电过程中的极化严重、活性物质利用率低、循环性能差等。这类故障会导致电池性能衰退严重，应立即更换。

3）单体电池内部短路、单体电池外部短路、单体电池极性装反等。在强振动下锂离子电池的极耳、极片上的活性物质，接线柱，外部连线和焊点可能会折断或脱落，造成单体电池内部短路或者外部短路故障，此类电池故障会影响行车安全。

通常情况下，造成单体电池前两种故障的原因包括两个：一是动力电池成组时单体电池一致性问题，如单体电池的 SOC、容量、内阻本身就存在差异；二是单体电池在成组过程中，因为应用环境差异（如温度、充放电电流）造成的一致性差异增加，加剧单体电池的不一致性。

2. 动力电池管理系统故障

动力电池管理系统故障包括：CAN 通信故障、总电压测量故障、单体电压测量故障、温度测量故障、电流测量故障、继电器故障、加热器故障和冷却系统故障等。

3. 线路或插接器故障

线路或插接器故障的诊断对于行车安全和整车的可靠性同样重要。例如，因为车辆的振动，电池间的连接螺栓可能会出现松动，电池间接触电阻增大，发生电池间虚接故障以致电池组内部能量损耗增加，造成车辆动力不足和续驶里程短。在极端情况下还会引起高温、产生电弧、熔化电池电极和连接片，甚至造成电池着火等安全事故。

在电动汽车运行过程中，电芯之间可能发生相对跳动，造成电池间的连接片折断。电池箱和电动汽车的电气连接也是故障的高发点，电插接器在经历长时间振动后容易产生虚接，出现烧蚀、接触不良等故障。

二、动力电池七大常见故障及处理方法

1. 电压类故障

（1）电池电压高　整车充满电静置后，个别电芯电压明显偏高，其他电芯正常。

故障原因：采集误差；均衡管理单元（LMU）均衡功能差或失效；电芯容量低，充电时电压上升较快。

处理方法：个别电芯电压显示值较其余电芯偏高，测量电芯实际电压值并进行比对，若实际值较显示值低，且与其他电芯电压相同，则以实际值为标准通过 LMU 对电芯电压进行校准，若测量值与显示值相符，则人工对电芯进行放电均衡；检查电压采样线是否断裂、虚接；更换 LMU。

（2）电池电压低　整车充满电静置后，个别电芯电压明显偏低，其他电芯正常。

故障原因：采集误差；均衡管理单元（LMU）均衡功能差或失效；电芯自放电率大；电芯容量低，放电时电压下降较快。

处理方法：个别电芯电压显示值较其余电芯偏低，测量电芯实际电压值并进行比对，若实际值较显示值高，且与其他电芯电压相同，则以实际值为标准通过 LMU 对电芯电压进行校准，若测量值与显示值相符，则人工对电芯进行充电均衡；检查电压采样线是否断裂、虚接；更换 LMU；对故障电池进行更换。

（3）压差（动态压差、静态压差）　充电时电芯电压迅速升至充电终止电压；踩加速踏板时，个别电芯电压比其他电芯电压下降迅速；踩制动踏板时，个别电芯电压比其他电芯电压上升迅速。

故障原因：连接电池铜牌紧固螺母松动；连接面有污物；电芯自放电率大。电池单体焊接连接铜排开焊（造成该单体容量低）；个别电芯漏液。

处理方法：对螺母进行紧固；清除连接面异物；对单体电池进行充、放电均衡。对问题电池进行更换。

（4）电压跳变　车辆运行或充电时，电芯电压跳变。

故障原因：电压采集线连接点松动；LMU 故障。

处理方法：对连接点进行紧固；更换 LMU。

2. 温度类故障

（1）热管理故障

1）加热故障（加热片）：动力电池充电时，若温度低于某一数值，加热功能不开启。

故障原因：加热继电器或 BMS 故障；加热片或继电器供电电路异常。

处理方法：修复或更换加热继电器或 BMS；检查修复供电电路。

2）散热故障（风扇）：动力电池温度高于某数值后，风扇未工作。

故障原因：风扇继电器或 BMS 故障；风扇或继电器供电电路异常。

处理方法：修复或更换风扇继电器或 BMS；检查修复供电电路。

（2）温度高　电池系统中某个或者某几个温度点偏高，运行或充电中达到报警阈值。

故障原因：温度传感器故障；BMS 故障；连接异常，局部发热；风扇未开启，散热差；

靠近电机等热源；过充电。

处理方法：测量温度传感器电阻并与显示值进行比对，若实际值较显示值低，且与其他温度值相同，则以实际值为标准对 BMS 温度值进行校准；紧固连接点，清除连接点异物；确保风扇开启；增加隔热材料，与热源进行隔离；暂停运行进行散热；立即停止充电；更换 BMS。

（3）温度低　电池系统中某个或者某几个温度点偏低，运行或充电中达到报警阈值。

故障原因：温度传感器故障；BMS 故障；局部加热片异常。

处理方法：测量温度传感器电阻并与显示值进行比对，若实际值较显示值高，且与其他温度值相同，则以实际值为标准对 BMS 温度值进行校准；检查修复加热片；更换 BMS。

（4）温差　参照高低温排查方法，个别单体电池发热差异大时更换单体电池。

3. 充电故障

（1）直流充电故障　充电无法起动，充电跳枪，充电结束后 SOC 不复位。

故障原因：电池故障（电压、温度、绝缘等异常）；BMU 故障（充电模块或 CAN 异常）；充电继电器异常；CC1 对地电阻异常、CC2 对地电压异常、PE 接地异常。

处理方法：排除电池故障；修复或更换失效部件；截存充电报文，分析故障原因。

（2）交流充电故障

故障原因：电池故障（电压、温度、绝缘等异常）；BMS 故障（充电模块或 CAN 异常）；充电继电器异常；CC 对地电阻异常、CP 对地电压异常；PE 接地异常。

处理方法：排除电池故障；修复或更换失效部件；截存充电报文，分析故障原因。

4. 绝缘故障

故障原因：电池箱或插件进水、单体电池漏液、环境湿度大、绝缘误报、整车其他高压部件（控制器和压缩机等）绝缘不良。

处理方法：正极对地，如果电压或绝缘阻值小于规定值，则判定负极电路漏电；负极对地，如果电压低于规定值或绝缘阻值小于规定值，则判定正极电路漏电。根据其漏电电压值大小除以此时的单体电池电压值就可以计算出漏电点位，然后根据不同情况分析处理。

5. 通信故障

LMU 通信故障或 BMS 通信故障：整车只有一个或几个 LMU 信息，或整车没有 BMS 信息。

故障原因：LMU 或 BMS 故障；LMU 或 BMS 供电电路或通信线路接触不良、故障；信号干扰。

处理方法：更换 LMU 或 BMS；检查修复供电电路、通信线路；检查屏蔽线，查找并消除干扰源。

6. SOC 异常

（1）SOC 不准确

$$充电电量÷额定容量＝充电的 SOC$$

若"充电的 SOC"+"剩余的 SOC"较实际显示值有偏差或者根据 SOC 与开路电压

（OCV）的对应关系估算实际电量与 SOC 不对应，即认为 SOC 不准确。

（2）SOC 不变化

故障原因：通信异常（数据缺失）；电流异常（霍尔及其输入输出电路）；BMS 故障；其他电池报警。

处理方法：确保数据完整；修复或更换失效部件；消除所有电池报警。

（3）SOC 下降快

故障原因：通信周期异常；电流异常（霍尔正向电流大、反馈电流小）；电芯电压偏低，下降快；BMS 故障；低温。

处理方法：更新 BMS 程序；修复或更换失效部件。

（4）SOC 下降慢

故障原因：通信周期异常；电流异常（霍尔正向电流小、反馈电流大）；BMS 故障。

处理方法：更新 BMS 程序；②修复或更换失效部件。

（5）SOC 跳动

确认程序版本号是否正确。

7. 电流异常

故障原因：霍尔及其输入输出电路异常。霍尔反装；直流充电时，如果 BMS 需求电压或电流为 0 时，充电机按最小输出能力输出。

处理方法：更新 BMS 程序；修复或更换失效部件。

三、吉利帝豪 EV450 动力电池管理系统

1. 动力电池结构及位置

吉利帝豪 EV450 动力电池采用宁德时代三元锂电池：以钴酸锂、锰酸锂或镍酸锂等化合物为正极，以可嵌入锂离子的碳材料为负极，使用有机电解质。动力电池总成安装在车体下部，动力电池的组成部件包括各模组总成、CSC 采集系统、电池管理系统（BMS）、电池高压分配单元（B-BOX）等。动力电池安装位置如图 4-1 所示。

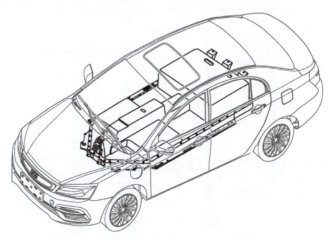

图 4-1　帝豪 EV450 动力电池安装位置

吉利帝豪 EV450 的 BMS 位于动力电池内部位置，如图 4-2 所示。

图 4-2　吉利帝豪 EV450 BMS 安装位置

2. 电池管理系统（BMS）低压供电及通信电路

1）吉利 EV450 BMS 低压供电及通信电路如图 4-3 所示。其中，端子 CA69-1 为常电供电；端子 CA69-7 为 IG 供电；端子 CA69-2 为搭铁；CA69-3 和 CA69-4 为 PCAN 信号总线；CA69-11 和 CA69-12 为厂家诊断接口；CA69-6 为碰撞信号线。

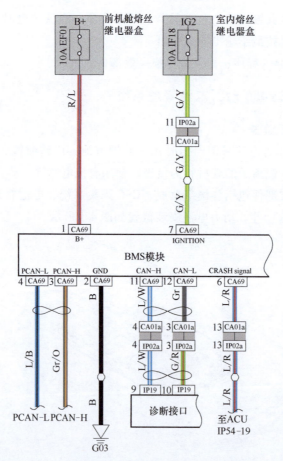

图 4-3　吉利 EV450 BMS 低压供电及通信电路

2）吉利 EV450 BMS 直流充电电路如图 4-4 所示。其中，端子 CA70-11 和 CA70-12 为快充口负极温度；端子 CA70-9 和 CA70-10 为快充口正极温度；端子 CA70-1 和 CA70-2 为 DC CAN-L/H 信号线；端子 CA70-3 为 CC2 充电连接确认线；端子 CA70-4/5 为充电辅助电源线。

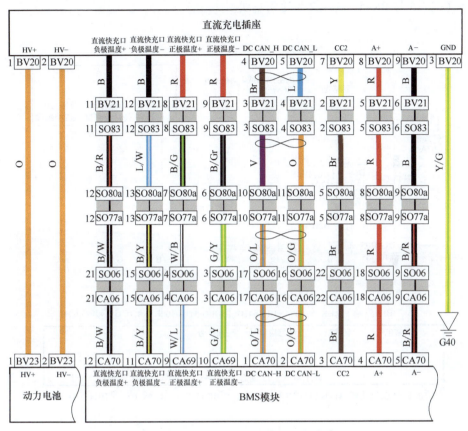

图 4-4　吉利 EV450 BMS 直流充电电路

>>> 知识拓展

17 年和 18 年款比亚迪 e5 动力电池管理系统

比亚迪 e5 采用分布式电池管理系统，由电池管理系统、电池信息采集器、电池采样线组成。电池管理系统的主要功能有充放电管理、接触器控制、功率控制、电池异常状态报警和保护、SOC 计算、自检以及通信功能等。电池信息采集器的主要功能有电池电压采样、温度采样、电池均衡、采样线异常检测等。动力电池采样线的主要功能是连接电池管理系统和电池信息采集器，实现二者之间的通信及信息交换。

1. BMS 安装位置

比亚迪 e5 的 BMS 位于高压电控后部，如图 4-5 所示。

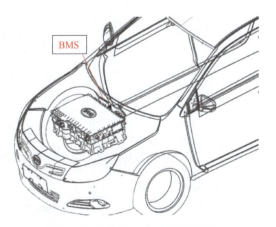

图 4-5　比亚迪 e5 BMS 安装位置

2. BMS 低压供电电路

比亚迪 e5 BMS 电路图如图 4-6 所示。其中，端子 BK45（A）-14 为常电供电；端子 BK45（B）-1 为双路电供电；端子 BK45（A）-6、BK45（A）-30 和 BK45（B）-6 为搭铁；端子 BK45（B）-15 与 BK45（B）-22 为通信总线。

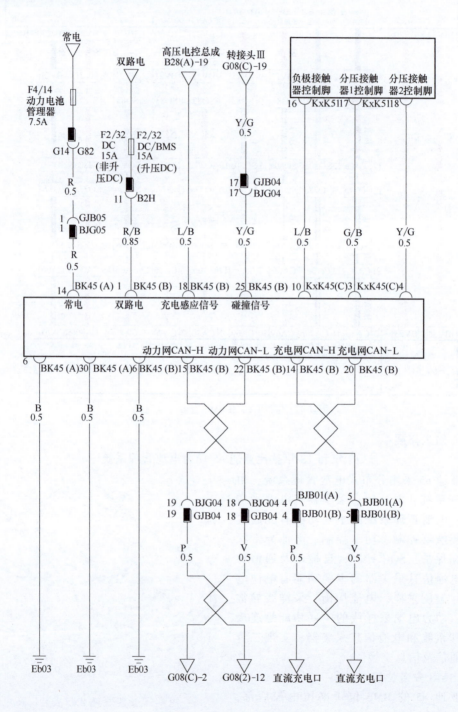

图 4-6　比亚迪 e5 BMS 电路

>>> **任务实施**

任务内容：检修动力电池管理系统电源及通信故障

1. 任务准备

1) 安全防护装备：绝缘手套、安全警示标识、绝缘垫、绝缘工具。

2) 车辆、台架：吉利帝豪 EV450、比亚迪 e5 和 e6。

3) 专用工具：万用表、绝缘拆装工具、绝缘电阻检测仪。

2. 安全注意事项

1) 判断车辆是否安全。为保证工作人员的安全，需要确定车辆属于安全车辆。

2) 遵守电动汽车的操作安全提示。

3) 无压状态下切换高压系统。

4) 确认组合仪表中高压系统已经退出工作。

5) 穿戴绝缘保护用品，穿戴好绝缘手套、绝缘鞋，如果需要拆装高压用电设备，应使用专用绝缘工具。

3. 实施步骤

示　意　图	实施步骤
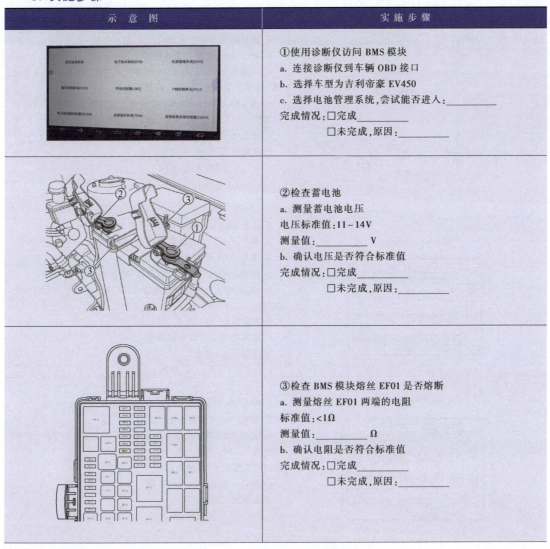	①使用诊断仪访问 BMS 模块 a. 连接诊断仪到车辆 OBD 接口 b. 选择车型为吉利帝豪 EV450 c. 选择电池管理系统，尝试能否进入：_____ 完成情况：□完成 　　　　　□未完成，原因：_____
	②检查蓄电池 a. 测量蓄电池电压 电压标准值：11～14V 测量值：_____V b. 确认电压是否符合标准值 完成情况：□完成 　　　　　□未完成，原因：_____
	③检查 BMS 模块熔丝 EF01 是否熔断 a. 测量熔丝 EF01 两端的电阻 标准值：<1Ω 测量值：_____Ω b. 确认电阻是否符合标准值 完成情况：□完成 　　　　　□未完成，原因：_____

（续）

示 意 图	实 施 步 骤
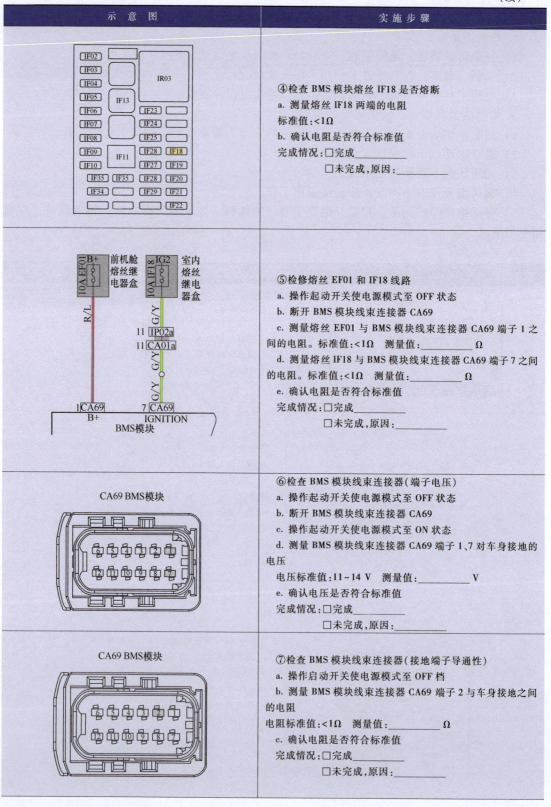	④检查 BMS 模块熔丝 IF18 是否熔断 a. 测量熔丝 IF18 两端的电阻 标准值：<1Ω b. 确认电阻是否符合标准值 完成情况：□完成＿＿＿＿＿＿ 　　　　　□未完成，原因：＿＿＿＿＿
	⑤检修熔丝 EF01 和 IF18 线路 a. 操作起动开关使电源模式至 OFF 状态 b. 断开 BMS 模块线束连接器 CA69 c. 测量熔丝 EF01 与 BMS 模块线束连接器 CA69 端子 1 之间的电阻。标准值：<1Ω　测量值：＿＿＿＿＿Ω d. 测量熔丝 IF18 与 BMS 模块线束连接器 CA69 端子 7 之间的电阻。标准值：<1Ω　测量值：＿＿＿＿＿Ω e. 确认电阻是否符合标准值 完成情况：□完成＿＿＿＿＿＿ 　　　　　□未完成，原因：＿＿＿＿＿
CA69 BMS模块	⑥检查 BMS 模块线束连接器（端子电压） a. 操作起动开关使电源模式至 OFF 状态 b. 断开 BMS 模块线束连接器 CA69 c. 操作起动开关使电源模式至 ON 状态 d. 测量 BMS 模块线束连接器 CA69 端子 1、7 对车身接地的电压 电压标准值：11~14 V　测量值：＿＿＿＿＿V e. 确认电压是否符合标准值 完成情况：□完成＿＿＿＿＿＿ 　　　　　□未完成，原因：＿＿＿＿＿
CA69 BMS模块	⑦检查 BMS 模块线束连接器（接地端子导通性） a. 操作启动开关使电源模式至 OFF 档 b. 测量 BMS 模块线束连接器 CA69 端子 2 与车身接地之间的电阻 电阻标准值：<1Ω　测量值：＿＿＿＿＿Ω c. 确认电阻是否符合标准值 完成情况：□完成＿＿＿＿＿＿ 　　　　　□未完成，原因：＿＿＿＿＿

（续）

示　意　图	实　施　步　骤
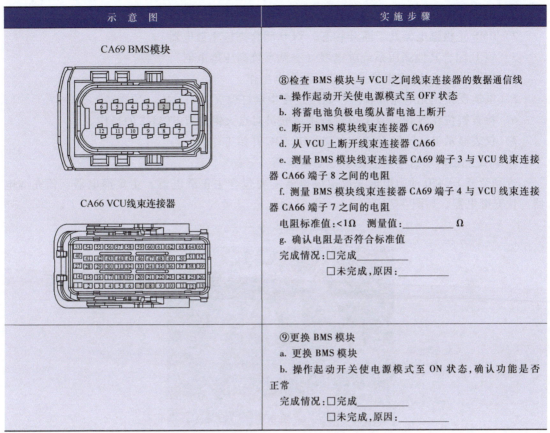	⑧检查 BMS 模块与 VCU 之间线束连接器的数据通信线 a. 操作起动开关使电源模式至 OFF 状态 b. 将蓄电池负极电缆从蓄电池上断开 c. 断开 BMS 模块线束连接器 CA69 d. 从 VCU 上断开线束连接器 CA66 e. 测量 BMS 模块线束连接器 CA69 端子 3 与 VCU 线束连接器 CA66 端子 8 之间的电阻 f. 测量 BMS 模块线束连接器 CA69 端子 4 与 VCU 线束连接器 CA66 端子 7 之间的电阻 电阻标准值：<1Ω　测量值：_____Ω g. 确认电阻是否符合标准值 完成情况：□完成_____ 　　　　　□未完成，原因：_____
	⑨更换 BMS 模块 a. 更换 BMS 模块 b. 操作起动开关使电源模式至 ON 状态，确认功能是否正常 完成情况：□完成_____ 　　　　　□未完成，原因：_____

任务2　检修动力电池无法上高压电故障

≫ 任务引入

王先生有一辆帝豪 EV450 纯电动汽车，车辆无法上高压电，重复几次上电操作均上高压电失效，经检查发现仪表上的动力电池故障指示灯常亮，读取故障码显示"P1539-07 主正继电器无法闭合故障"。现在车间主管安排你完成此任务，你应该如何检修呢？

≫ 任务目标

1. 能叙述纯电动汽车预充上电的工作过程。
2. 能查阅维修手册，制订上高压电故障的检修计划。
3. 能通过小组合作排除动力电池无法上高压电故障。

≫ 知识链接

一、纯电动汽车高压预充上电控制

1. 纯电动汽车高压上电流程

纯电动汽车的上电过程分为低压上电和高压上电。当点火钥匙在 ON 位时，VCU、BMS、MCU 等整车所有零部件低压上电；点火钥匙在 ON 位，BMS、MCU 当前状态正常且不满足整车充电条件，开始执行高压上电。上电注意事项：档位处于 P 或 N 位，踩刹车。

1）BMS、MCU 初始化完成，VCU 检查反馈电池继电器状态。

2）BMS 正极继电器处于断开状态，VCU 闭合高压主继电器。

3）VCU 闭合其他高压系统继电器（空调系统高压继电器）。

4）VCU 发送 BMS 上电指令，进行预充电操作。

5）电池反馈预充电完成状态，高压连接指示灯熄灭。

6）检查档位在 N 位，且上电过程中驾驶员对点火钥匙有 START 的操作。

7）仪表显示 Ready 灯点亮，水泵、DC/DC 开始工作。

2. 高压上电时动力电池内部继电器的控制

吉利帝豪 EV450 动力电池充放电继电器主要包含主正继电器、主负继电器、预充继电器、快充继电器，如图 4-7 所示。

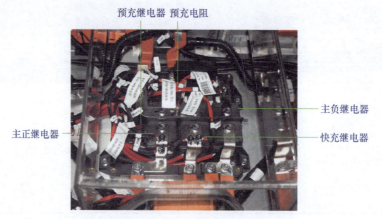

图 4-7　动力电池充放电继电器

BMS 控制动力电池上电时，首先要控制主负继电器、预充继电器闭合。接通瞬间，经预充电阻流入电机控制器电容的电流在预充继电器、负极继电器的容量范围内，保证回路安全，约 0.5s 电容预充完成后闭合主正继电器，断开预充接触器，预充放电路如图 4-8 所示。此时主正、主负继电器同时闭合，动力电池包输出高压电。

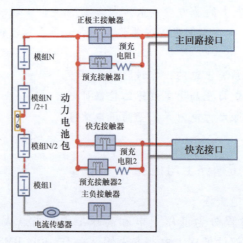

图 4-8　预充放电路

知识拓展

为什么要进行预充电？

电动汽车预充电的作用是给电机控制器的预充电容进行充电，以减少高压继电器闭合时的火花拉弧，避免高压冲击损坏高压零部件，提升高压系统安全性。因电机控制器中含有电容，如图 4-9 所示。若没有预充电回路，主正、主负继电器直接闭合与电容相连接，电池组为高压，电容两端电压接近 0V，相当于瞬间短路，负载电阻仅仅是导线及继电器触点的电阻，主正、主负继电器很容易损坏。待电机控制器的电容达到充电目标要求后（电容两端电压达到母线电压的 90% 时），此时电容两端已存在较高电压（接近蓄电池电压），继电器两端压差也就较低，此时没有大电流冲击，BMS 控制主正继电器

图 4-9　电机控制器

闭合，预充继电器断开，高压母线接入，完成上电。

3. 预充常见故障

导致出现预充故障的原因可分为：

1）外总压采集端子松动脱落导致预充电故障。

2）BMS 主控板控制线无 12V 电压导致预充继电器不闭合。

3）预充电电阻损坏导致预充电失败等。

结合实车，可按以下几类情况进行检查。

1）外部高压部件故障。当 BMS 报预充电故障时，断开总正、总负后，若预充电成功，则故障由外部高压部件引起，分段排查高压接线盒和 PEU。

2）BMS 主控板问题不能闭合预充电继电器。检测预充电继电器是否有 12V 电压，如果没有则更换 BMS 主控板，若更换后预充电成功，则确定 BMS 主控板故障。

3）主熔丝或预充电阻损坏。测量预充电熔丝导通情况和电阻阻值，若异常则更换。

4）高压板外部总电压检测故障。换高压板后预充电成功，则可确定高压板故障，更换即可。

二、吉利帝豪 EV450 上高压电工作原理

1. 上电控制策略

1）初始化自检。BMS 由 VCU 控制唤醒，唤醒 BMS 后，等待与 BMS 的通信，若无故障允许电池上电。

2）动力电池上高压电。VCU 发送高压上电命令，BMS 执行预充指令，完成接触器总正和总负的控制。VCU 通过 CAN 实时监控电池状态，当高压电状态为连接、单体电池电压差在允许范围内、电池允许放电 3 个条件同时满足后进入高压电准备完毕状态。此时主正、主负继电器闭合工作，动力电池正常上高压电。如图 4-10 所示。

2. 上电电路原理

BMS 模块通过 PCAN 网络线与外界进行通信，实现动力电池各继电器的闭合和断开。电路控制图如图 4-11 所示。

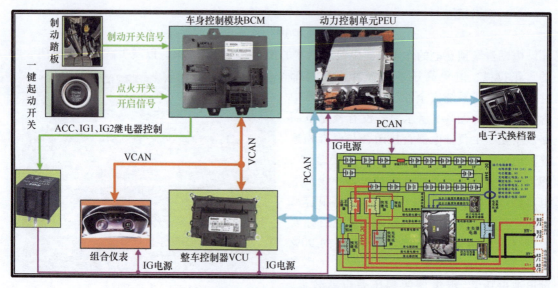

图 4-10　上电控制策略

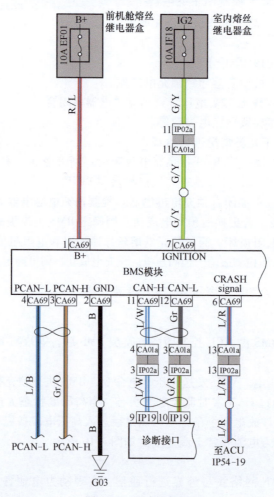

图 4-11　电路控制图

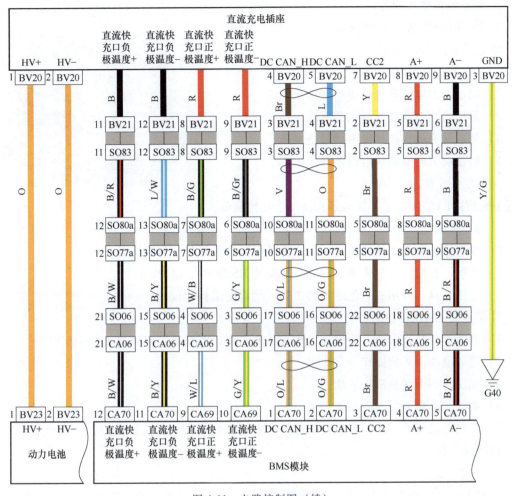

图 4-11　电路控制图（续）

因各继电器控制线均安装于动力电池包内部，所以电路图中无法呈现线束。

三、吉利帝豪 EV450 上高压电故障诊断

1. 故障诊断代码列表

无法上高压电故障的类型较多，常见继电器类故障诊断代码见表 4-1。

表 4-1　继电器类故障诊断代码

故障代码	故障描述/条件	故障部位/排查方法
P1539-01	主正或预充继电器粘连故障	电池包内部（排查主正或预充继电器）
P1539-07	主正继电器无法闭合故障	电池包内部（排查主正继电器）
P1539-00	主正或主负继电器下电粘连故障	电池包内部（排查主正或主负继电器）
P153A-01	主负继电器粘连故障	电池包内部（排查主负继电器）
P1581-07	放电预充继电器无法闭合故障	电池包内部（排查预充继电器）

2. 高压继电器诊断方法

利用万用表检测动力电池高压继电器，动力电池高压继电器如图 4-12 所示。

1）进行万用表功能检查。

2）测量动力电池高压继电器线圈电阻。

3）测量动力电池高压继电器线圈保持电流。

4）测量动力电池高压继电器吸合电压。

5）测量动力电池高压继电器释放电压。

图 4-12　动力电池高压继电器

▶▶▶ 任务实施

任务内容：P1539-07 主正继电器无法闭合故障检修

1. 任务准备

1）安全防护装备：绝缘手套、安全警示标识、绝缘垫、绝缘工具。

2）车辆、台架：吉利帝豪 EV450、比亚迪 E5 和 E6、秦 PRO。

3）专用工具：万用表、绝缘拆装工具、绝缘电阻检测仪。

2. 安全注意事项

1）判断车辆是否安全。为保证工作人员的安全，需要确定车辆属于安全车辆。

2）遵守电动汽车的操作安全提示。

3）无压状态下切换高压系统。

4）确认组合仪表中高压系统已经退出工作。

5）穿戴绝缘保护用品，穿戴好绝缘手套、绝缘鞋，如果需要拆装高压用电设备，应使用专用绝缘工具。

3. 实施步骤

P1539-07 主正继电器无法闭合故障原因分析：主正继电器失效、主控单元 BMS 故障。

示　意　图	实施步骤
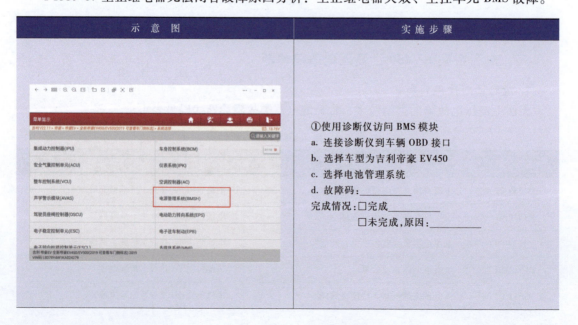	①使用诊断仪访问 BMS 模块 a. 连接诊断仪到车辆 OBD 接口 b. 选择车型为吉利帝豪 EV450 c. 选择电池管理系统 d. 故障码：_____ 完成情况：□完成_____ 　　　　　□未完成，原因：_____

（续）

示 意 图	实 施 步 骤
	②"动作测试"继电器 a. 单击"动作测试"按钮 b. 选择各继电器工作状态 c. 测试结果： 注意：在动作测试过程中，车辆处于 ON 位，不能在 ready 模式下对元件进行动作测试 完成情况：□完成_____ 　　　　　□未完成，原因：_____
	③检查主正继电器控制线圈电阻 使用万用表欧姆档测量控制线圈电阻，正常应小于 1Ω。 测量值：_____ Ω 完成情况：□完成_____ 　　　　　□未完成，原因：_____
	④更换"主正继电器" 根据测量结果，更换"主正继电器" 完成情况：□完成_____ 　　　　　□未完成，原因：_____

注意：非专业人员，严禁私自打开动力电池包上盖。

任务3　检修动力电池总电流传感器故障

检修动力电池
总电流故障

≫ 任务引入

马先生有一辆吉利帝豪 EV450 纯电动汽车，在行驶过程中仪表上的动力电池故障灯点亮，但车辆一直能正常行驶，为了保险起见，马先生到维修站检查车辆，经检查后读取故障码显示"P1524-09 电流传感器故障"。现在车间主管安排你完成此任务，你应该如何检修呢？

≫≫ 任务目标

1. 能叙述动力电池性能估算方法。
2. 能分析动力电池电流传感器的工作原理。
3. 能通过小组合作排除动力电池电流传感器故障。

≫≫ 知识链接

动力电池管理系统（BMS）能够对动力电池组总电压、总电流、每个测点温度和单体电池的电压参数实时监控，并进行故障诊断、SOC（剩余电量比）计算、短路保护、漏电监测、报警显示，充放电模式选择等。

动力电池各项性能估算均由 BMS 完成，通过 P-CAN 网络线对外通信，实现动力电池各参数监测。

一、动力电池性能估算

（1）SOC　剩余电量比计算，即电池的剩余电量，也称为荷电状态。表示电池使用或搁置一段时间后，其剩余容量与总的可用容量的比值，常用百分数表示。如图 4-13 所示。

动力电池 SOC 估算方式有很多类型，主要分为三大类，下列以常见的方式举例：

1）开路电压法。开路电压法是常见方式之一，指电池在完全静置时，正负极之间的电压，从而判断 SOC 值。开路电压法的一个明显缺点是需要将电池静置直至电池内部化学反应停止，所测得的端电压近似等于开路电压，因此该方法不能满足 SOC 估算的实时性。

2）滤波法。主要基于卡尔曼滤波理论

图 4-13　SOC

进行 SOC 估算，滤波法是采用电池的数学模型来建立状态方程与观测方程，然后根据最小均方差的思想，最小化估计值与观测值的均方差误差来更新系统的参数，实现最优估计。

3）神经网络法。神经网络法属于常见方式之一，由于锂离子电池内部是一个复杂的电化学模型，电池内部参数与 SOC 之间的关系尤为复杂，具有非线性、动态时变的特点。神经网络法不需要关注电池的内部机理，而是利用机器学习算法离线训练得到电池外部数据（电压、电流、温度等）与 SOC 之间的映射关系，将实测数据代入模型计算得到 SOC 估算值。

吉利帝豪 EV450 纯电动汽车通过得出 SOC 值后，在仪表处可显示动力电池当前电量，并可使用诊断仪读取 BMS 中的 SOC 值。

（2）电池健康状态（SOH）　动力电池健康状态的定义是基于"功率衰减"而不是"容量衰减"。这里指的是老化的过程如何降低电池的功率。电池可以传送的功率取决于电池内部的电阻。几乎所有类型电池的老化都会导致电池内阻的增加。因此，我们可以用内阻来表示电池的健康状态。电池的内阻越大，其可用的功率就越小，原因是较大的内阻导致电池端子的电压降比较多。SOH 可用 0~100% 之间的数值表示，一般认为低于 80% 以后电池便不可再用。

（3）总电压检测 电芯中贴有电压采样线，连接着 CSC 采集系统，CSC 发送信号至电池管理系统中进行计算，从而得出动力电池组总电压。吉利帝豪 EV450 纯电动汽车电压采样为 0~600V。

（4）总电流检测 电流检测是指对动力母线电流的检测，检测过程为实时采集，充电电流为负值，放电电流为正值。吉利帝豪 EV450 纯电动汽车的电流传感器安装在负极中，用于检测总电流，如图 4-14 所示。

>>> 知识拓展

17 年和 18 年款比亚迪 e5 电流传感器安装位置。

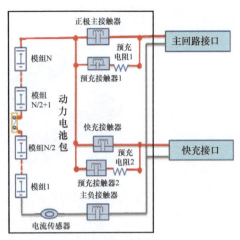

图 4-14 电流传感器安装位置（1）

霍尔式电流传感器安装于高压电控总成（高压配电箱）内，如图 4-15 所示，连接动力电池包的正负极输入，从而估算总电流大小。

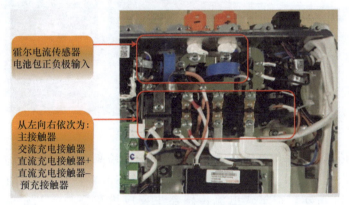

图 4-15 电流传感器安装位置（2）

二、电流传感器工作原理

电流传感器用来监测充放电电流的大小，BMS 接收充电量或放电量的安培数，根据累计的安培数和动力电池电压，计算动力电池的 SOC，对动力控制系统进行优化控制，使动力电池的 SOC 始终处于规定范围内。

电流传感器的测量范围通常为 -400~400A，个别特殊需求可能会超过此范围，吉利帝豪 EV450 纯电动汽车的电流采样范围为 -500~500A。相应速度采样周期一般越短越好，采样周期一般要求为 10~20ms。电流检测技术按照原理可以分为直接式电流采集和间接式电流采集，实际上对应分流器方案和霍尔式电流传感器方案。如图 4-16 所示。

（1）分流器 起步相对较晚，但其自身结构形式、大动态、高精度、稳定性等特点在电动汽车领域也得到了快速的普及。分流器的作用原理是在母线回路中串联微欧级别的电阻，通过测量压降的形式，依据欧姆定律计算电流的大小，如图 4-17 所示。分流器主要应用车型为北汽 EV160、宝骏 E200 等。

（2）霍尔式电流传感器 具有丰富的产品家族，在高电压、大电流场景下应用极为广

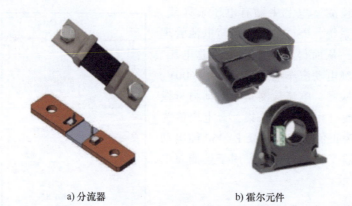

a) 分流器　　　　　　　　　b) 霍尔元件

图 4-16　电流传感器类型

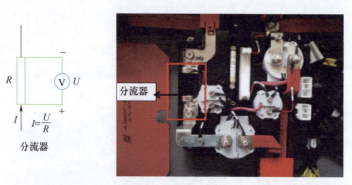

图 4-17　分流器的原理

泛。霍尔式电流传感器的作用原理是采用霍尔器件之间检测原边导体中电流产生的磁场，经过线性放大后输出电压信号。利用霍尔感应度（Sensitivity）特性来将输出电压换算为电流的大小，如图 4-18 所示。霍尔式电流传感器主要应用车型为吉利帝豪 EV450、比亚迪 e5 等。

开环霍尔

图 4-18　霍尔式电流传感器的原理

三、电流传感器检修

　　吉利帝豪 EV450 纯电动汽车霍尔式电流传感器为内置式，置于动力电池包内部，无法测量数据。比亚迪 e5 霍尔式电流传感器可测量检修，共 4 条线束，分别为两条电源，一条为信号线，另一条为屏蔽线。因霍尔式电流传感器属于有源式传感器，需外加电源方可正常进行检测，控制方式如图4-19所示。

（1）正电压检测 点火开关位于ON位，万用表调至直流电压档，测量正电压线和车身搭铁，电压标准为15V。

（2）负电压检测 点火开关位于ON位，万用表调至直流电压档，测量负电压线和车身搭铁，电压标准为-15V。

（3）信号线检测 点火开关位于OFF位，万用表调至电阻档，测量两条信号线之间的电阻，电阻标准为<1Ω。

>>> **任务实施**

任务内容：检修动力电池总电流
        传感器故障

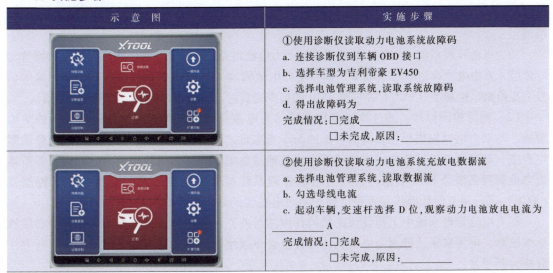

图4-19 霍尔式电流传感器控制方式

1. 任务准备

1）安全防护装备：绝缘手套、安全警示标识、绝缘垫、绝缘工具。

2）车辆、台架：吉利帝豪EV450、比亚迪e5和e6、秦Pro。

3）专用工具：万用表、绝缘拆装工具、绝缘电阻检测仪。

2. 安全注意事项

1）判断车辆是否安全。为保证工作人员的安全，需要确定车辆属于安全车辆。

2）遵守电动汽车的操作安全提示。

3）无压状态下切换高压系统。

4）确认组合仪表中高压系统已经退出工作。

5）穿戴绝缘保护用品，穿戴好绝缘手套、绝缘鞋，如需拆装高压用电设备，请使用专用绝缘工具。

3. 实施步骤

示 意 图	实 施 步 骤
	①使用诊断仪读取动力电池系统故障码 a. 连接诊断仪到车辆OBD接口 b. 选择车型为吉利帝豪EV450 c. 选择电池管理系统，读取系统故障码 d. 得出故障码为_____ 完成情况：□完成_____ □未完成，原因：_____
	②使用诊断仪读取动力电池系统充放电数据流 a. 选择电池管理系统，读取数据流 b. 勾选母线电流 c. 起动车辆，变速杆选择D位，观察动力电池放电电流为_____ A 完成情况：□完成_____ □未完成，原因：_____

（续）

示 意 图	实 施 步 骤
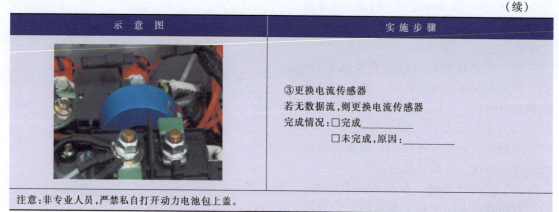	③更换电流传感器 若无数据流，则更换电流传感器 完成情况：□完成_____ 　　　　　□未完成，原因：_____

注意：非专业人员，严禁私自打开动力电池包上盖。

任务 4　检修动力电池绝缘故障

检修动力电池
绝缘故障

≫≫ 任务引入

一辆吉利帝豪 EV450 纯电动汽车，仪表上的动力电池故障灯点亮，读取故障码显示"P1543-00 高压继电器断开的前提下，绝缘故障（严重）"。现在车间主管安排你完成此任务，你应该如何检修呢？

≫≫ 任务目标

1. 能解释高压线路绝缘性能的监控原理，正确使用兆欧表检测高压线路绝缘性。
2. 能查阅维修手册，制订动力电池绝缘性检修计划。
3. 能通过小组合作，执行维修手册标准，检修动力电池绝缘故障。

≫≫ 知识链接

一、动力电池绝缘检测

（1）绝缘检测作用　吉利帝豪 EV450 纯电动汽车的动力电池由各模组电池管理系统、各模组总成、CSC 采集系统、电池控制单元（BMU）、电池高压分配单元（B-BOX）等部件组成。

动力电池管理系统（BMS）能够完成对动力电池组总电压、总电流、温度及漏电监测等实时监控，其中电池控制单元（BMU）作为动力电池管理系统核心部件，将整车高压绝缘等信号上报给整车控制器（VCU）并根据 VCU 的指令完成对动力电池的控制，如图 4-20 所示。

（2）绝缘检测原理　通过检测高压直流动力电源母线与其外壳、车身底盘之间的绝缘阻抗，与动力电池输出相连接的负极母线与车身底盘之间的绝缘电阻，判断动力电池包的漏电程度，该装置能够持续或间歇地检测车辆的绝缘电阻。当动力电池包漏电时，传感器给动力电池管理系统发出一个信号，动力电池管理系统接到漏电信号后，发送给整车控制器（VCU）进行相关保护操作并报警，防止动力电池包的高压电外泄。如图 4-21 所示。

动力电池管理系统中工作线束的接插件内芯与外壳短接、高压线破损与车体短接会导致绝缘故障，电压采集线破损与电池箱体短接也会导致绝缘故障。针对此类情况，按下列方法分析诊断维修：

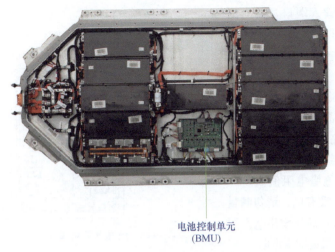

电池控制单元
(BMU)

图 4-20 电池控制单元（BMU）

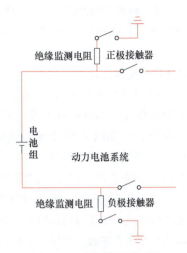

图 4-21 绝缘检测原理图

1）高压负载漏电。依次断开 DC/DC、PEU、充电机、空调等，直到故障解除，然后对故障件进行更换。

2）高压线或连接器破损。使用兆欧表进行测量，检查确认后进行更换。

3）电池箱进水或电池漏液。对电池箱内部进行处理或更换电池。

4）电压采集线破损。确定电池箱内部漏电后检查采集线，若发现破损则进行更换。

5）高压板检测误报。对高压板进行更换，更换后故障解除则确定为高压板检测故障。

二、绝缘检测标准

绝缘检测标准按照不同的车型划分，有不同的标准要求。吉利帝豪 EV450 纯电动汽车动力电池电压为 DC346V，根据国家标准 GB/T 18384.3—2020 中规定的电压等级，可知动力电池的电压属于 B 级，如图 4-22 所示。

电压等级	最大工作电压 U/V	
	直 流	交 流
A	$0 < U \leqslant 60$	$0 < U \leqslant 30$
B	$60 < U \leqslant 1500$	$30 < U \leqslant 1000$

图 4-22 电动汽车电压等级

在最大负载电压下，直流电路绝缘电阻应不小于 100Ω/V，交流电路绝缘电阻应不小于 500Ω/V。如果直流和交流的 B 级电压电路中可导电的部分连接在一起，则应满足绝缘电阻不小于 500Ω/V。

此绝缘电阻值越大，则代表高压部件的绝缘性能越高。查阅吉利帝豪 EV450 维修手册，得知其动力电池绝缘电阻为大于或等于 $20M\Omega$。

三、绝缘检测的方法

1. 绝缘电阻测试仪的使用

1）在测量绝缘电阻前，待测电路必须完全放电，并且与电源电路完全隔离。

2）将红测试线插入"LINE"输入端口，黑测试线插入"EARTH"输入端口，如图4-23所示。

3）将红、黑鳄鱼夹接入被测电路，正极电压是从 LINE 端输出的。

4）按住 TEST 键 1s 能够连续测量，输出绝缘电阻测试电压，测试红灯发亮，在液晶屏上闪烁高压提示符 0.5s，如图4-24所示。测试完以后，按下 TEST 键，关闭绝缘电阻测试电压，测试红灯灭且无高压提示符，在液晶屏上保持当前测量的绝缘电阻值。

注意：在测试前，确定待测电路没有电，请勿测量带电设备或带电线路的绝缘层。请勿在高压输出状态短路两个测试表笔和高压输出之后再去测量绝缘电阻。

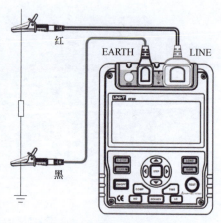

图 4-23　绝缘电阻测试仪

图 4-24　高压提示符

2. 绝缘检测方法

1）检测所有高压部件的绝缘电阻时，应在断开动力电池维修开关和低压蓄电池负极线前提下（如在充电还需断开充电插头）进行。

2）断开各高压部件的高压连接线，用 1000V 兆欧表测试各高压部件高压输入输出接口中高压正负极端子对车身地的绝缘电阻，如图4-25所示。

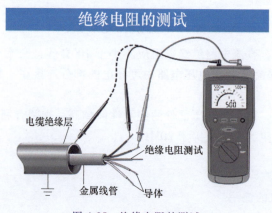

图 4-25　绝缘电阻的测试

3）对于绝缘电阻检测不合格部件，必须进行更换。

4）动力电池装车前应检测其绝缘电阻，同时用万用表量取高压插件正、负极柱之间及分别对壳体的电压，电压数值应为 0V。要求在动力电池的整个使用寿命期内，根据标准计算方法得到的绝缘电阻值除以动力电池的额定电压 U，所得值应大于 $500\Omega/V$。

▶▶▶ 任务实施

任务内容：动力电池绝缘故障检测

1. 任务准备

1）安全防护装备：绝缘手套、安全警示标识、绝缘垫、绝缘工具。

2）车辆、台架：吉利帝豪 EV450、比亚迪 e5 和 e6、秦 Pro。

3）专用工具：万用表、绝缘拆装工具、绝缘电阻检测仪。

2. 安全注意事项

1）判断车辆是否安全。为保证工作人员的安全，需要确定车辆属于安全车辆。

2）遵守电动汽车的操作安全提示。

3）无压状态下切换高压系统。

4）确认组合仪表中高压系统已经退出工作。

5）穿戴绝缘保护用品，穿戴好绝缘手套、绝缘鞋，如果需要拆装高压用电设备，应使用专用绝缘工具。

3. 实施步骤

示　意　图	实施步骤
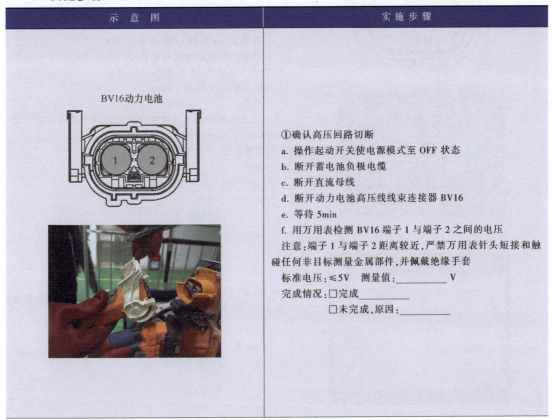	①确认高压回路切断 a. 操作起动开关使电源模式至 OFF 状态 b. 断开蓄电池负极电缆 c. 断开直流母线 d. 断开动力电池高压线线束连接器 BV16 e. 等待 5min f. 用万用表检测 BV16 端子 1 与端子 2 之间的电压 注意：端子 1 与端子 2 距离较近，严禁万用表针头短接和触碰任何非目标测量金属部件，并佩戴绝缘手套 标准电压：≤5V　测量值：_____ V 完成情况：□完成_____ 　　　　　　□未完成，原因：_____

（续）

示 意 图	实 施 步 骤
BV16动力电池 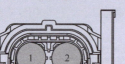 	②检测动力电池供电绝缘阻值 a. 操作起动开关使电源模式至 OFF 状态 b. 断开蓄电池负极电缆 c. 断开直流母线 d. 拆卸动力电池高压线线束连接器 BV16 e. 将高压绝缘检测仪的档位调至 1000V f. 用高压绝缘检测仪测量动力电池高压线线束连接器 BV16 的 1 号端子与车身接地之间的电阻 标准电阻：大于或等于20MΩ 测量值：_____MΩ g. 用高压绝缘检测仪测量动力电池高压线线束连接器 BV16 的 2 号端子与车身接地之间的电阻 标准电阻：大于或等于20MΩ 测量值：_____MΩ h. 确认测量值是否符合标准 完成情况：□完成_____ 　　　　　□未完成,原因：_____
BV23 BMS模块 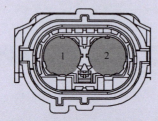 	③检测动力电池充电线路绝缘阻值 a. 操作起动开关使电源模式至 OFF 状态 b. 断开蓄电池负极电缆 c. 断开直流母线 d. 拆卸动力电池高压线线束连接器 BV23 e. 将高压绝缘检测仪的档位调至 1000V f. 用高压绝缘检测仪测量动力电池高压线线束连接器 BV23 的 1 号端子与车身接地之间的电阻 标准电阻：大于或等于20MΩ 测量值：_____MΩ g. 用高压绝缘检测仪测量动力电池高压线线束连接器 BV23 的 2 号端子与车身接地之间的电阻 标准电阻：大于或等于20MΩ 测量值：_____MΩ h. 确认测量值是否符合标准 完成情况：□完成 　　　　　□未完成,原因：_____
	④恢复高压系统,使用诊断仪读取动力电池系统绝缘测电阻值 读取值：_____MΩ 完成情况：□完成 　　　　　□未完成,原因：_____

任务 5　检修动力电池充电故障

检修动力电池
充电故障

》》 任务引入

王先生有一辆吉利 EV450 纯电动汽车，晚上回到家准备给车辆充电，插入快速充电枪后车辆没有任何反应，无法充电，但车辆能正常起动和行驶，第二天王先生将车辆开至维修店检查。现在车间主管安排你完成此任务，你应该如何检修呢？

》》 任务目标

1. 能叙述纯电动汽车充电的工作过程。
2. 能查阅维修手册，制订不能充电故障的检修计划。
3. 能通过小组合作执行维修手册标准，检修不能充电故障。

》》 知识链接

一、充电系统原理

吉利帝豪 EV450 纯电动汽车充电系统从功能上分为快充、慢充、低压充电、能量回收四项。动力电池主要的充电方式分为快充和慢充。

1. 快充（直流高压充电）

当直流充电设备接口连接到整车直流充电口时，直流充电设备发送充电唤醒信号给 BMS，BMS 根据动力电池的可充电功率，向直流充电设备发送充电电流指令。同时，BMS 吸合系统高压正极继电器和高压负极继电器，动力电池开始充电。直流充电流量传递路线如图 4-26 所示。

2. 慢充（交流高压充电）

当车辆处于交流充电模式下，车载充电机检测交流充电接口的 CC、CP 信号（充电枪插入、导通信号）并唤醒 BMS，BMS 唤醒车载充电机并发送充电指令，同时闭合主继电器，动力电池开始充电。交流充电流量传递路线如图 4-27 所示。

图 4-26　直流充电流量传递路线　　　　图 4-27　交流充电流量传递路线

3. 交流直流充电的区别

（1）交流高压充电　固定安装在电动汽车外，与交流电网连接。国际采用 220V 单相交流电或 380V 三相交流电，为电动汽车"车载充电机"（即安装在电动汽车上的充电机）提供交流电源的供电装置。

（2）直流高压充电　固定安装在电动汽车外，与直流电网连接，可以为电动汽车动力电池提供直流电源的充电装置。直流充电桩的输入电压采用三相四线制交流 380V，频率为 50Hz，输出可调直流电，直接为电动汽车的动力电池充电。

4. 直流充电控制原理

直流充电接口共 9 条线束，如图 4-28 所示。端子 DC+ 和 DC- 为直流输入线，端子 PE 为接地线，端子 S+ 和 S- 为 CAN 信号线，端子 CC1 和 CC2 为充电连接确认线，端子 A+ 和 A- 为辅助电源线。

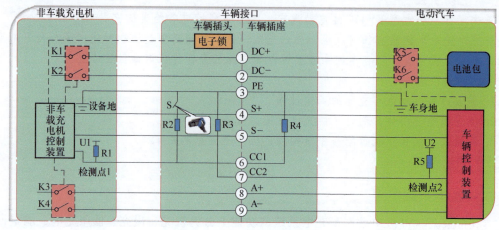

图 4-28　直流充电控制原理

（1）CC1 连接确认　当插入直流充电枪后，检测点 1 经过 R1、R2 和 R4 三个 1kΩ 的电阻，由 12V 变成 6V 最后变成 4V 时，代表 CC1 接通，紧接着电子锁锁上。

（2）CC2 连接确认　CC1 接通后，此时闭合 K3 和 K4 继电器，检测点 2 接收 12V 辅助电源信号，经过 R5 和 R3 两个 1kΩ 的电阻，由 12V 变成 6V 时，代表 CC2 接通。

当 CC1 和 CC2 工作异常时，CAN 信号线和直流输入线无法正常工作，整个直流充电系统工作异常，需检修。

二、吉利帝豪 EV450 充电系统

1. 部件安装位置

吉利 EV450 充电系统由车载充电机（如有配备），电机控制器，交流充电接口，直流充电接口，交流充电接口应急解锁组成，其充电系统安装位置如图 4-29 所示。

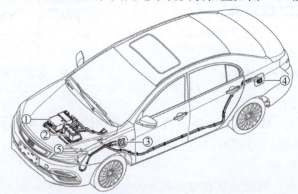

图 4-29　吉利 EV450 充电系统安装位置

①—车载充电机（如有配备）　②—电机控制器　③—交流充电接口　④—直流充电接口　⑤—交流充电接口应急解锁

2. 电气原理图

吉利 EV450 充电系统电气原理图如图 4-30 所示。

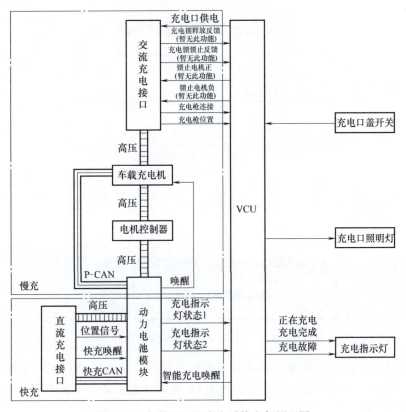

图 4-30　吉利 EV450 充电系统电气原理图

（1）交流充电原理　交流充电接口接收到连接枪信号，发送至车载充电机，车载充电机通过 P-CAN 信号线与动力电池模组通信，从而唤醒车载充电机进行工作，在车内完成 AC/DC 功能，最终为动力电池充电。

（2）直流充电原理　直流充电接口接收到连接枪信号，发送至动力电池模组并唤醒，动力电池模组通过快充 CAN 与快充桩完成通信，使得直流电通过快充接口输入，最终为动力电池充电。

3. 吉利帝豪 EV450 充电系统电路图

吉利帝豪 EV450 直流充电电路如图 4-31 所示，线束连接器 CA69 端子 1 和 7 为 BMS 模块低压供电，线束连接器 CA70 端子 1、2、3、4、5 分别连接到直流充电插座线束连接器 BV20 端子 4、5、7、8、9。

三、常见故障现象

无法充电现象大致可分为下列两种情况：一是接插件两端 CAN 线端子退针或脱落，导致主板与充电机无法通信，导致无法充电；二是充电熔丝损坏导致充电回路无法形成，充电无法完成。实际车辆检测中若遇到无法充电的情况，可从以下几个方面入手，进行故障的维修处理。

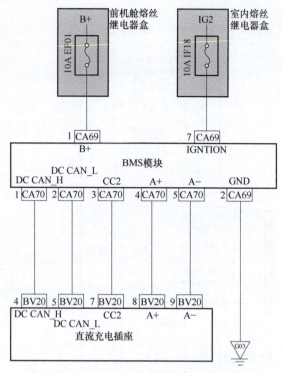

图 4-31　吉利 EV450 直流充电电路

1）充电机与 BMS 主控板未正常通信。使用仪器读取整车 CAN 系统工作数据，若发现无充电机或者 BMS 工作数据时，立即检查 CAN 通信线束，若有接插件接触不良或线路中断，立即进行修复。

2）充电机或 BMS 主控板故障不能正常起动。对充电机或 BMS 主控板进行更换，重新加载电压，若更换后可以充电，则可确定为充电机或 BMS 主控板故障。

3）BMS 检查到故障，不允许充电。通过监控判断故障类型，然后解决故障直至充电成功。

4）充电熔丝损坏，无法形成充电回路。使用万用表检测充电熔丝导通情况，若无法导通，立即更换。

》》》 任务实施

任务内容：直流快充故障检测

1. 任务准备

1）安全防护装备：绝缘手套、安全警示标识、绝缘垫、绝缘工具。

2）车辆、台架：吉利帝豪 EV450、比亚迪 e5 和 e6、秦 Pro。

3）专用工具：万用表、绝缘拆装工具、绝缘电阻检测仪。

2. 安全注意事项

1）判断车辆是否安全。为保证工作人员的安全，需要确定车辆属于安全车辆。

2）遵守电动汽车的操作安全提示。

3）无压状态下切换高压系统。

4）确认组合仪表中高压系统已经退出工作。

5）穿戴绝缘保护用品，穿戴好绝缘手套、绝缘鞋，如果需要拆装高压用电设备，应使用专用绝缘工具。

3. 实施步骤

示　意　图	实　施　步　骤
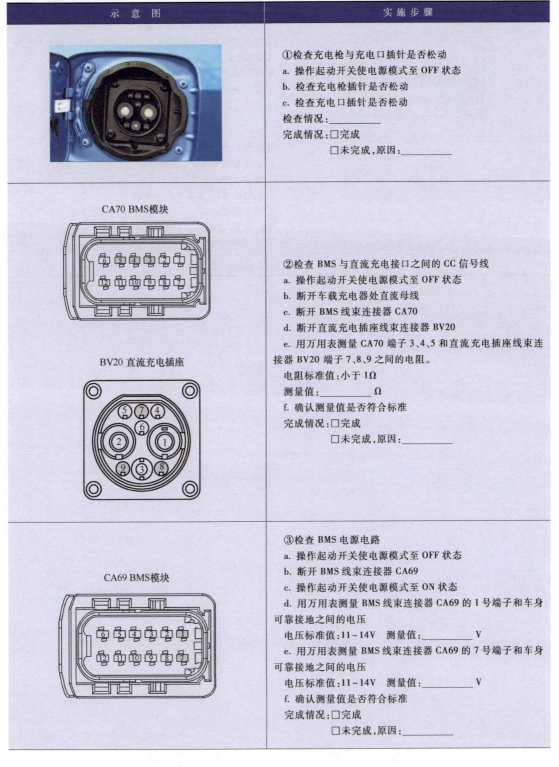	①检查充电枪与充电口插针是否松动 a. 操作起动开关使电源模式至 OFF 状态 b. 检查充电枪插针是否松动 c. 检查充电口插针是否松动 检查情况：_____ 完成情况：□完成 　　　　　□未完成，原因：_____
CA70 BMS模块 BV20 直流充电插座	②检查 BMS 与直流充电接口之间的 CC 信号线 a. 操作起动开关使电源模式至 OFF 状态 b. 断开车载充电器处直流母线 c. 断开 BMS 线束连接器 CA70 d. 断开直流充电插座线束连接器 BV20 e. 用万用表测量 CA70 端子 3、4、5 和直流充电插座线束连接器 BV20 端子 7、8、9 之间的电阻。 电阻标准值：小于 1Ω 测量值：_____ Ω f. 确认测量值是否符合标准 完成情况：□完成 　　　　　□未完成，原因：_____
CA69 BMS模块	③检查 BMS 电源电路 a. 操作起动开关使电源模式至 OFF 状态 b. 断开 BMS 线束连接器 CA69 c. 操作起动开关使电源模式至 ON 状态 d. 用万用表测量 BMS 线束连接器 CA69 的 1 号端子和车身可靠接地之间的电压 电压标准值：11~14V　测量值：_____ V e. 用万用表测量 BMS 线束连接器 CA69 的 7 号端子和车身可靠接地之间的电压 电压标准值：11~14V　测量值：_____ V f. 确认测量值是否符合标准 完成情况：□完成 　　　　　□未完成，原因：_____

（续）

示 意 图	实 施 步 骤
CA69 BMS模块 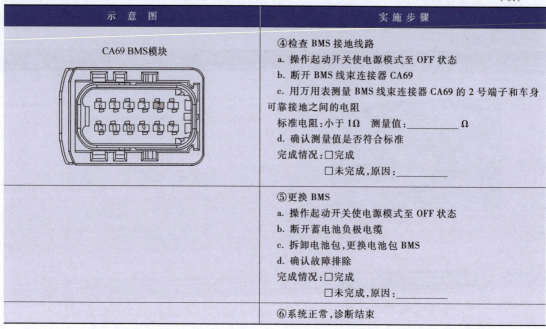	④检查 BMS 接地线路 a. 操作起动开关使电源模式至 OFF 状态 b. 断开 BMS 线束连接器 CA69 c. 用万用表测量 BMS 线束连接器 CA69 的 2 号端子和车身可靠接地之间的电阻 标准电阻:小于 1Ω　测量值:_____Ω d. 确认测量值是否符合标准 完成情况:□完成 　　　　　□未完成,原因:_____
	⑤更换 BMS a. 操作起动开关使电源模式至 OFF 状态 b. 断开蓄电池负极电缆 c. 拆卸电池包,更换电池包 BMS d. 确认故障排除 完成情况:□完成 　　　　　□未完成,原因:_____
	⑥系统正常,诊断结束

参 考 文 献

[1] 蒋鸣雷. 新能源汽车动力电池结构与检修 [M]. 北京：机械工业出版社，2018.

[2] 蔡泽光，刘猛洪，张文光，等. 新能源汽车电池及管理系统检修 [M]. 北京：机械工业出版社，2021.

[3] 谭婷，李健平. 新能源汽车电池及管理系统检修 [M]. 北京：机械工业出版社，2019.

[4] 孙玉章，孔超，万晓峰，等. 纯电动汽车电池及管理系统检修 [M]. 北京：机械工业出版社，2021.

[5] 许云，赵良红. 新能源汽车动力电池及充电系统检修 [M]. 北京：机械工业出版社，2018.